警钟长鸣

将全面从严治党进行到底

本书编写组◎编

新 华 出 版 社

图书在版编目（CIP）数据

警钟长鸣：将全面从严治党进行到底 /《警钟长鸣：将全面从严治党进行到底》编写组编. -- 北京：新华出版社，2024.4（2025.2重印）
ISBN 978-7-5166-7083-5

Ⅰ. ①警… Ⅱ. ①警… Ⅲ. ①中国共产党－党的建设－学习参考资料
Ⅳ. ①D26

中国国家版本馆CIP数据核字（2023）第197351号

警钟长鸣：将全面从严治党进行到底

编　　者：《警钟长鸣：将全面从严治党进行到底》编写组

出 版 人：匡乐成　　**责任编辑：**唐波勇　张云杰
封面设计：刘宝龙

出版发行：新华出版社
地　　址：北京石景山区京原路8号　　**邮　　编：**100040
网　　址：http://www.xinhuanet.com/publish
经　　销：新华书店、新华出版社天猫旗舰店、京东旗舰店及各大网店
购书热线：010－63077122　　**中国新闻书店购书热线：**010－63072012

照　　排：六合方圆
印　　刷：大厂回族自治县众邦印务有限公司

成品尺寸：160mm×230mm　1/16
印　　张：11.75　　**字　　数：**180千字
版　　次：2024年4月第一版　　**印　　次：**2025年2月第五次印刷

书　　号：ISBN　978-7-5166-7083-5
定　　价：39.00元

高质量开展党纪学习教育

经党中央同意，自2024年4月至7月在全党开展党纪学习教育。近日，中共中央办公厅印发《关于在全党开展党纪学习教育的通知》。这次党纪学习教育，是加强党的纪律建设、推动全面从严治党向纵深发展的重要举措。习近平总书记多次就开展党纪学习教育发表重要讲话、作出重要指示，为开展党纪学习教育提供了重要遵循。我们要切实把思想和行动统一到党中央决策部署上来，高质量开展党纪学习教育，确保取得扎实成效。

“加强纪律性，革命无不胜。”纪律严明是党的光荣传统和独特优势，正是靠着严明的纪律和规矩，中国共产党才能不断取得革命、建设和改革事业的伟大胜利。党的十八大以来，以习近平同志为核心的党中央坚持把纪律挺在前面，将纪律建设纳入新时代党的建设总体布局，坚持不懈用严明的纪律管全党、治全党，从根本上扭转了管党治党宽松软的状况，为党和国家事业发展提供了坚强纪律保障。同时必须清醒看到，全面从严治党永远在路上，管党治党一刻也不能放松。各级党组织和广大党员、干部要深刻认识开展党纪学习教育的重大意义，进一步深化对加强党的纪律建设重要性和忽视党纪、违反党纪问题危害性的认识，推动各级党组织和领导班子从严抓好党的纪律建设，推动广大党员、干部强化遵守纪律的自觉，以严明的纪律确保全党坚定拥护“两个确立”、坚决做到“两个维护”，自觉同以习近平同志为核心的党中央保持高度一致，统一思想、统一行动，知行知止、令行禁止，形成推进中国式现代化的强大动力和合力。

高质量开展党纪学习教育，必须把握目标要求。纪律是管党治党的“戒尺”，也是党员、干部约束自身行为的标准和遵循。要坚持以习近平新时代中国特色社会主义思想为指导，聚焦解决一些党员、干部对党规党纪不上心、不了解、不掌握等问题，教育引导党员干部学纪、知纪、明纪、守纪，搞清楚党的纪律规矩是什么，弄明白能干什么、不能干什么，把遵规守纪刻印在心，内化为言行准则，进一步强化纪律意识、加强自我约束、提高免疫能力，增强政治定力、纪律定力、道德定力、抵腐定力，始终做到忠诚干净担当。

高质量开展党纪学习教育，必须抓住学习重点，在学习贯彻《中国共产党纪律处分条例》（以下简称《条例》）上下功夫见成效。要坚持逐章逐条学、联系实际学，抓好以案促学、以训助学，推动《条例》入脑入心，深化《条例》理解运用，教育引导党员干部准确掌握《条例》的主旨要义和规定要求，进一步明确日常言行的衡量标尺，用党规党纪校正思想和行动，真正使学习党纪的过程成为增强纪律意识、提高党性修养的过程。

高质量开展党纪学习教育，必须注重融入日常、学用结合。加强纪律教育是落实全面从严治党要求、加强党的纪律建设的一项基础性、经常性工作，必须常抓不懈、久久为功。开展好党纪学习教育，要原原本本学，坚持个人自学与集中学习相结合，紧扣党的政治纪律、组织纪律、廉洁纪律、群众纪律、工作纪律、生活纪律进行研讨，不断强化纪律意识。要加强警示教育，深刻剖析违纪典型案例，注重用身边事教育身边人，让党员、干部受警醒、明底线、知敬畏。要坚持两手抓两促进，力戒形式主义，把开展党纪学习教育同落实党中央重大决策部署、完成本地区本部门本单位重点工作紧密结合起来，使党纪学习教育每项措施都成为促进中心工作的有效举措，切实防止“两张皮”，推动党纪学习教育取得实实在在的成效。

开展党纪学习教育是重要政治任务，各级党组织和广大党员、干部必须扛起政治责任、抓好贯彻落实，以良好作风保证党纪学习教育走深走实。让我们深入学习贯彻习近平总书记的重要讲话和重要指示精神，高质量完成党纪学习教育任务，为推进强国建设、民族复兴伟业提供坚强纪律保障。（新华社评论员）

新华社北京 2024 年 4 月 13 日电

目 录
CONTENTS

第二章　利剑高悬展锋芒

第三章　反腐没有休止符

第四章　廉洁奉公树新风

第一章

打铁必须自身硬

扫一扫，观看
《中共中央印发〈中国共产党纪律处分条例〉》

严明纪律把党建设得更加坚强有力

经党中央同意，自 2024 年 4 月至 7 月在全党开展党纪学习教育。这次党纪学习教育，是加强党的纪律建设、推动全面从严治党向纵深发展的重要举措。

纪律是党的生命线，解决大党独有难题，必须旗帜鲜明加强党的纪律建设。党的十八大以来，以习近平同志为核心的党中央以强大的战略定力推进全面从严治党，下大气力抓纪律建设，不断完善纪律规矩，充分释放出全面从严治党越来越严、越往后执纪越严的强烈信号，彰显出我们党把伟大自我革命进行到底的坚定决心。

我们党肩负着以中国式现代化全面推进中华民族伟大复兴的崇高使命、开拓着前无古人的伟大事业，党面临的形势越复杂、肩负的任务越艰巨，就越要加强纪律建设。要通过党纪学习教育进一步严明政治纪律和政治规矩，确保全党坚定拥护“两个确立”、坚决做到“两个维护”，自觉同以习近平同志为核心的党中央保持高度一致，统一思想、统一行动，知行知止、令行禁止，形成推进中国式现代化的强大动力和合力。

开展党纪学习教育要抓住学习重点，在学习贯彻《中国共产党纪律处分条例》上下功夫见成效。《中国共产党纪律处分条例》是管党治党的重要基础性法规。要通过党纪学习教育推动党员干部认真学习党的纪律规矩，原原本本、认认真真学习条例内容，做到学纪、知纪、明纪、守纪，把遵规守纪刻印在心，内化为言行准则。要加强警示教育，运用典型案例和身边人身边事深刻剖析，不断增强警示教育的针对性和实效性，让党员干部受警醒、明底线、知敬畏，真正做到查处一案、警示一批、教育一片。

纪律教育是一项长期工程，必须持之以恒、久久为功。要坚持以习近平新时代中国特色社会主义思想为指导，深化纪律教育、完善制度机制、提升纪律自觉，始终做到戒尺高悬、警钟长鸣，真正使铁的纪律转化为党员干部的日常习惯和自觉遵循，把我们的党建设得更加坚强有力。（新华社记者孙少龙）

跳出历史周期率的新时代答案

——习近平总书记引领百年大党推进自我革命纪实

“我们党历史这么长、规模这么大、执政这么久，如何跳出治乱兴衰的历史周期率？”

党的十九届六中全会第二次全体会议上，习近平总书记作出响亮回答——

“毛泽东同志在延安的窑洞里给出了第一个答案，这就是‘只有让人民来监督政府，政府才不敢松懈’。经过百年奋斗特别是党的十八大以来新的实践，我们党又给出了第二个答案，这就是自我革命。”

党的十八大以来，以习近平同志为核心的党中央以巨大的政治勇气、强烈的责任担当，引领党不断加强革命性锻造，开辟了百年大党自我革命新境界。

今天，一个立志于“始终走在时代前列、人民衷心拥护、勇于自我革命、经得起各种风浪考验、朝气蓬勃的马克思主义执政党”，正带领亿万中华儿女奋进在伟大复兴的征程上。

清醒的历史自觉——“勇于自我革命，是我们党最鲜明的品格，也是我们党最大的优势”

2021 年 9 月，建党百年之际，习近平总书记来到陕北黄土高原。

300 多年前，明末农民起义在这里爆发，先胜后败。70 多年前，毛泽东同志将反思这段历史的《甲申三百年祭》作为延安整风运动文件，要求全党干部阅读并引以为戒。

回顾党的百年历史，习近平总书记感慨万千：“从井冈山走到陕北，从陕北到西柏坡，再走到北京，一路上赶考”“中国革命必然胜利在这里就能找到答案”。

常怀“赶考”之心，勇于自我革命，这是百年大党不懈奋斗淬就的鲜明品格。

“我经常讲到历史周期率问题，这的确是我国历史上封建王朝摆脱不了的宿命。”

在学习贯彻党的十九大精神研讨班开班式上，从历代封建王朝盛极而衰，到历次农民起义先胜后败，再到苏联解体、苏共垮台、东欧剧变，习近平总书记剖析古今中外治乱兴衰留下的命题，深刻指出其根本原因在于“解决不了自己的问题”。

以史为鉴，可以知兴替。

为解决自身问题、跳出历史周期率，中国共产党始终把党的建设作为一项伟大工程来推进，不断进行自我革命。

当民族复兴伟业进入关键阶段，世界百年变局加速演进，“四大考验”严峻复杂，“四种危险”尖锐深刻，党和国家事业又面临着关乎兴衰成败的重要关口。

常怀远虑，居安思危。对如何跳出历史周期率的思考，始终萦绕在习近平总书记心头。

2015 年 5 月，在中央统战工作会议上，习近平总书记掷地有声地指出：“当年‘窑洞对’的问题已经彻底解决了吗？恐怕还没有。一些领导干部怕监督、不愿意被监督，觉得老是有人监督不自在、干事不方便。”

习近平总书记语气坚定：“在新时代把党的自我革命推向深入。”

从明确勇于自我革命“是我们党最鲜明的品格”，到提出新时代党的建设要“以加强党的长期执政能力建设、先进性和纯洁性建设为主线”；从提出“以伟大自我革命引领伟大社会革命”的“两个革命”重要论述，到突出强调党的建设新的伟大工程在“四个伟大”中的决定性作用……

习近平总书记提出一系列重要理论、作出一系列重大部署，不断深化对建设什么样的长期执政的马克思主义政党、怎样建设长期执政的马克思主义政党的规律性认识。

深刻的历史自觉，继之以坚定的历史主动。

新时代的中国共产党人用“十年磨一剑”的精神练就自我净化的“绝世武功”，消除了党、国家、军队内部存在的严重隐患，赢得了保持同人民群众的血肉联系、人民衷心拥护的历史主动，赢得了全党高度团结统一、走在时代前列、带领人民实现中华民族伟大复兴的历史主动。

2022 年 2 月 4 日，北京冬奥会开幕式当天，阿根廷总统费尔南德斯专程到中国共产党历史展览馆参观。

两天后，在同习近平总书记会晤时，费尔南德斯谈及参观感受：“我向中国共产党为中国人民所做的一切和取得的伟大成就表示崇高敬意。”

习近平总书记回应：“为人民服务，我们没有自己的利益”。

作为一个植根于中华文明沃土、科学理论武装的无产阶级政党，没有自己利益是敢于自我革命的底气所在，坚定理想信念是自觉自我革命的红色基因，科学理论武装是善于自我革命的思想指引，一切为了人民是勇于自我革命的动力之源，肩负复兴伟业是接续自我革命的使命担当。

在十九届中央纪委六次全会上，习近平总书记的话语充满自信：

“一百年来，党外靠发展人民民主、接受人民监督，内靠全面从严治党、推进自我革命，勇于坚持真理、修正错误，勇于刀刃向内、刮骨疗毒，保证了党长盛不衰、不断发展壮大。”

彻底的革命精神——“不断增强党自我净化、自我完善、自我革新、自我提高的能力”

西柏坡，“两个务必”的发源地，“进京赶考”的出发地。

2013 年 7 月，党的群众路线教育实践活动开始不久，习近平总书记来到这里，在当年召开九月会议的一间简陋土坯房里，同基层干部、老党员和群众代表围坐谈心。

当地一名干部提出：“百姓生活在逐渐提高，为什么感觉和我们的距离反而有点远了？”

听了大家的发言，总书记指出：“60 多年过去了……但我们面临的挑战和问题依然严峻复杂，应该说，党面临的‘赶考’远未结束。”

深刻把握作风问题的关键性、基础性，习近平总书记将作风建设摆到“关系民心向背，决定着党的群众基础”的高度，以上率下，激浊扬清。

人们在江西省于都县中央红军长征出发纪念碑前参加纪念活动（2021 年 4 月 30 日摄，无人机照片）。新华社记者 万象 摄

从公款吃喝等具体问题抓起，从月饼、粽子等“小事”查起，违纪必查，遏制“舌尖上的浪费”，整治“车轮上的腐败”，纠正“会所里的歪风”……落实中央八项规定精神、以严明纪律整饬作风，丰富了自我革命有效途径。

“四风”涤荡而去，新风扑面而来。

党旗高高飘扬在脱贫攻坚一线、抗击疫情战线、抗震救灾火线……老百姓高兴地说：“苏区干部的好作风回来了！”

作风关系着党的形象，腐败侵蚀着党的肌体。

2012 年 11 月 15 日，人民大会堂东大厅。面对中外记者，谈及党内存在的腐败问题，刚刚当选中共中央总书记的习近平态度鲜明：“全党必须警醒起来。”

短短 20 余天后，当选十八届中央候补委员还未满月的四川省委副书记李春城被查，成为党的十八大后落马的“首虎”。一场力度空前的反腐败斗争拉开序幕。

腐败最容易颠覆政权，反腐败需要最彻底的自我革命。

查处周永康、薄熙来、孙政才、令计划等一批“大老虎”，铲除“蝇贪”“鼠害”“蛀虫”……“老虎”“苍蝇”一起打，谁也没有免罪的“丹书铁券”，谁也不是“铁帽子王”。

从“形势依然严峻”，到“依然严峻复杂”，再到“压倒性态势正在形成”，及至“取得压倒性胜利”，党风廉政建设和反腐败斗争笃定前行。

风雨不动安如山，赖有砥柱立中流。

面对反腐败这一“输不起也决不能输的重大政治斗争”，习近平总书记主动担起历史重任，以明知山有虎、偏向虎山行的勇毅决绝，赢得了党心军心民心。

2017 年 10 月，党的十九大通过的十八届中央纪委工作报告中明确指出：“党的纪律检查工作取得的成绩，归其根本得益于以习近平同志为核心的党中央旗帜鲜明、立场坚定、意志品质顽强、领导坚强有力”。

也正是在这次大会上，“坚定维护以习近平同志为核心的党中央权威和集中统一领导”写入党章。

全党有核心，中央有权威。“两个确立”为自我革命提供了坚强的政治保障。

秦岭，我国重要生态安全屏障。针对秦岭北麓不断出现违建别墅，习近平总书记 4 年多时间里 6 次作出重要指示批示，一些官员却“阳奉阴违”，致使违建屡禁不止。

对此，习近平总书记要求“首先从政治纪律查起”，终于有效抑制了这股歪风邪气。

一个自然生态问题，暴露出的却是政治生态问题。

关键时刻站不出来，重要岗位顶不上去，党员混同于一般群众；在党不言党，在党不爱党，甚至羞于提及党员身份；党内“讲政治”讲得少了，政治生活被轻视、忽视……

习近平总书记深刻洞察党内存在的所有问题本质上都是政治问题，要求全面从严治党首先要从政治上看，推动管党治党从宽松软走向严紧硬。

党中央每年听取“五大班子”的工作汇报和中央书记处工作报告，习近平总书记亲自担任中央一系列顶层机构负责人，全面加强党对深化改革、依法治国、经济等重大工作的领导……党中央成为坐镇中军帐的“帅”，车马炮各展其长，一盘棋大局分明。

2017 年 8 月 30 日，十八届中央巡视圆满收官，标志着党的历史上首次实现一届任期内中央巡视全覆盖。

全覆盖，体现了动真碰硬的态度，更体现了制度治党的智慧。

每轮巡视结束，习近平总书记都详细审阅巡视报告，对巡视中发现的问题作出评判，推动巡视工作不断深化。

继十八届中央巡视探索开展专项巡视、试点开展“机动式”巡视、首次开展“回头看”后，十九届中央巡视紧盯“一把手”和关键少数、紧盯人民群众反映强烈的突出问题，不断释放利剑高悬、震慑常在的鲜明信号。

包括巡视监督在内的“四个全覆盖”权力监督格局逐步形成，党的纪律检查和国家监察体制改革不断深化，党内法规制度体系更加健全……从制度层面夯实了推进伟大自我革命的“四梁八柱”。

自我革命，既要靠制度保障，又要靠思想建设。

党的十九大闭幕不久，习近平总书记带领新一届中央政治局常委瞻仰中共一大会址和嘉兴南湖红船，在梦想起航地向全党发出“不忘初心、牢记使命、永远奋斗”的伟大号召。

位于上海兴业路 76 号的中共一大会址（2021 年 6 月 1 日摄）。新华社记者 刘颖 摄

建党百年前夕，习近平总书记来到中国共产党历史展览馆红色大厅，面向鲜红的中国共产党党旗，举起右拳，带领党员领导同志重温

入党誓词。

时空变幻、穿越百年，初心如磐、使命如炬。

从延安宝塔山下的革命旧址，到太行深处的革命根据地；从于都河畔的红军长征集结出发地，到大别山中的鄂豫皖苏区首府革命博物馆……习近平总书记“沿着中国革命的征程砥砺初心”，为全党点燃理想之火、信仰之光。

在习近平总书记亲自谋划、亲自部署、亲自推动下，一次次党内集中教育为广大党员干部补钙壮骨，把思想建设作为党的基础性建设，淬炼自我革命锐利思想武器。

正风肃纪、建章立制、固本培元，党的十八大以来，以习近平同志为核心的党中央打出一套全面从严治党“组合拳”，成就了新时代党的自我革命的伟大实践。

不变的“赶考”姿态——“以‘赶考’的清醒和坚定答好新时代的答卷”

2021 年最后一天，北京中南海。

辞旧迎新之际，回望百年大党峥嵘岁月，展望崭新铺就的壮阔大道，习近平总书记在新年贺词中发出号召：“我们只有勇于自我革命才能赢得历史主动。”

就在一个多月前，党的第三个历史决议将“坚持自我革命”作为百年奋斗的 10 条历史经验之一，要求“必须倍加珍惜、长期坚持，并在新时代实践中不断丰富和发展”。

“赶考”永无止境，自我革命永远在路上。

放眼全球，在世纪疫情下，世界发展进入新的动荡变革期。如何在更加不稳定不确定的外部环境中掌舵“中国号”巨轮劈波斩浪、行稳致远？

纵观国内，面对需求收缩、供给冲击、预期转弱三重压力，如何引领中国经济爬坡过坎、稳中求进？新冠肺炎疫情跌宕反复，需要拿出怎样的新招实招硬招？创造了减贫奇迹后，如何共绘乡村振兴新画卷？

审视自身，党内存在的思想不纯、政治不纯、组织不纯、作风不纯等突出问题尚未得到根本解决，“政治微生物”还在潜滋暗长，消极腐败和不良作风会不会卷土重来？

新的“赶考”路上，习近平总书记为全党指明方向：“只要我们党始终站在时代潮流最前列、站在攻坚克难最前沿、站在最广大人民之中，就必将永远立于不败之地！”

在历史前进的逻辑中前进，在时代发展的潮流中发展，这是中国共产党不断从胜利走向胜利的成功秘诀。

“我们如果闭目塞听 3 个月，恐怕会落后世界一大截。”在一次同教育文化卫生体育领域专家代表座谈中，习近平总书记殷殷叮咛。

先进的马克思主义政党不是天生的，而是在不断自我革命中淬炼而成的。过去先进不意味着今天先进，今天先进也不意味着永远先进。

烽火年代里，访问延安后的黄炎培感慨：“我认为中共朋友最可宝贵的精神，倒是不断地要好，不断地求进步，这种精神充分发挥出来，前途希望是无限的。”

“我们面临的风险考验只会越来越复杂，甚至会遇到难以想象的惊涛骇浪。我们面临的各种斗争不是短期的而是长期的，将伴随实现第二个百年奋斗目标全过程”“任务越繁重，风险考验越大，越要发扬自我革命精神”，习近平总书记对漫漫前路有着十分清醒的认知。

新征程上，面对各种艰难险阻、激流险滩，全党上下要发扬彻底的自我革命精神，不断增强创造力、凝聚力、战斗力，才能有能力啃最硬的骨头、挑最重的担子、理最复杂的线头，在危机中育新机、于变局中开新局。

唯有继续把“两个维护”作为党的最高政治原则和根本政治规矩，坚持以党的政治建设为统领，始终紧密团结在以习近平同志为核心的党中央周围，才能进一步团结起全党全国力量，凝聚成民族复兴的磅礴伟力。

一个政党，最难的就是历经沧桑而初心不改、饱经风霜而本色依旧。

2022 年全国两会期间，来自江苏镇江的全国人大代表聂永平接通了一个特别的电话。

电话那头是 80 多岁的老人崔荣海：“你是我们镇江的代表，我想托你给总书记带句话——您是全国人民的福星。这些年，咱们共产党在人民群众中的威信又回来了。”

人们清晰记得，2014 年 12 月 13 日，习近平总书记在镇江考察时，崔荣海挤到人群前，紧紧握着总书记的手说：“您是腐败分子的克星，全国人民的福星！”

老人的由衷赞叹，代表了亿万中国人民的衷心拥戴。

“时代是出卷人，我们是答卷人，人民是阅卷人。”一个党能不能长久执政，主要看与人民群众的联系，人民群众拥不拥护、满不满意。

牢记着“人民群众最痛恨腐败，我们必须顺应民心”，就必须“打虎”“拍蝇”“猎狐”不停步；践行着“人民群众反对什么、痛恨什么，我们就要坚决防范和打击”，就必须剑指一切引起人民反感、危害人民利益的行为作风……

正如习近平总书记所指出的，“党员、干部初心变没变、使命记得牢不牢，要由群众来评价、由实践来检验。我们不能关起门来搞自我革命”。

从孕育于陕北窑洞中的“人民监督”，到立足长期执政提出的“自我革命”，跳出历史周期率的两个答案相互辉映，映照着同一个真理——“人心向背关系党的生死存亡”！

只要我们“为人民的利益坚持好的，为人民的利益改正错的”，我们党的事业就一定会更加兴旺，永远发达。

横空出世莽昆仑，砥柱人间是此峰。

在以习近平同志为核心的党中央坚强领导下，中国共产党始终同人民想在一起、干在一起，坚持以伟大自我革命引领伟大社会革命、以伟大社会革命促进伟大自我革命，必将团结带领亿万中国人民，在新时代新征程上赢得更加伟大的胜利和荣光。（新华全媒头条 记者张晓松、朱基钗、丁小溪、黄玥、高蕾、孙少龙、张研）

为实现党的二十大确定的目标任务而共同奋斗

——广大干部群众认真学习领会党的二十届二中全会精神

2023 年 2 月 28 日，《中国共产党第二十届中央委员会第二次全体会议公报》一经发布，立即在广大干部群众中引起强烈反响。

大家认真学习领会党的二十届二中全会精神，一致表示，要更加紧密地团结在以习近平同志为核心的党中央周围，自信自强、守正创新，锐意进取、顽强拼搏，扎实推进中国式现代化建设，坚定改革信心和决心，努力实现各项发展任务，为实现党的二十大确定的目标任务而共同奋斗。

充分肯定一中全会以来中央政治局工作，深刻领悟“两个确立”决定性意义

党的二十届二中全会充分肯定了一中全会以来中央政治局的工作。

从坚持稳中求进工作总基调，到三个“更好统筹”；从动态优化调整新冠疫情防控措施，到着力推动经济稳步回升、促进高质量发展；从扎实推进社会主义民主法治建设和宣传思想文化工作，到切实保障和改善民生……党和国家各项工作迈出新的步伐，展现出新时代新征程的崭新气象。

“自从春节后开工以来，车间里的忙碌景象就没有停止过，大家的信心和干劲儿也越来越足了。”全国人大代表、湖北十堰东风商用

车有限公司车辆工厂总装检测车间首席技能师王建清说，党的二十届一中全会以来，以习近平同志为核心的党中央统筹疫情防控和经济社会发展，着力推动经济稳步回升，取得了实实在在、看得见摸得着的成果。

船重千钧，掌舵一人。

越是形势严峻，越是任务艰巨，就越需要坚强的领导核心带领全党和全国人民育新机、开新局。

“辉煌成绩的取得，根本在于有习近平总书记作为党中央的核心、全党的核心掌舵领航，在于有习近平新时代中国特色社会主义思想科学指引。”上海对外经贸大学马克思主义学院院长秦淑娟说，新征程上，必须更加自觉地把“两个确立”的政治共识转化为“两个维护”的实际行动，确保全党步调一致向前进。

春天，凝聚奋进的力量。

温暖的日光中，河南濮阳县鲁河镇高庙村的田地里，一排排节水喷灌设备作业不停，浇灌着茁壮生长的冬小麦。

近年来，鲁河镇成立股份经济合作联合社，建立“土地驿站”，统一对接订单、种植方案、农机调配，促进了粮食增产、农民增收和农村集体经济发展。

“团结就是力量，心齐才能前进。”鲁河镇党委书记田志鹏表示，党和国家事业的快速发展，充分说明了在以习近平同志为核心的党中央坚强领导下，广大人民群众团结一致、开拓进取的创造伟力，使我们更加坚信完全有基础、有条件、有能力抵御各种风险挑战，向着实现第二个百年奋斗目标稳步前行。

全会强调，开好十四届全国人大一次会议和全国政协十四届一次会议，对进一步动员全党全国各族人民为全面建设社会主义现代化国家、全面推进中华民族伟大复兴而团结奋斗，具有重大意义。

临近大会召开，王建清正认真准备着带到十四届全国人大一次会议的建议，他将围绕自己所熟悉的领域，关注汽车产业发展、高技能人才培养等。“作为一名全国人大代表，我将把思想和行动统一到党的二十届二中全会精神上来，为大会的胜利召开贡献代表力量。”王建清说。

最近这段时间，全国政协委员、四川恒和信律师事务所主任李正国正在抓紧打磨、完善提案。“今年是党的二十大后的第一次全国两会，对于把党的主张通过法定程序转化为国家意志和人民共同行动意义重大。”李正国表示，要通过深入调研，提出接地气、解民忧的高质量提案，为助推法治中国建设献计献策。

选举产生新一届国家机构和全国政协领导人员是今年全国两会的重要任务。广大干部群众热切期盼这次全国两会选举出堪当民族复兴重任的领导集体，汇聚起同心共圆中国梦的磅礴力量。

坚定不移深化改革开放，不断增强社会主义现代化建设的动力和活力

党的十八大以来，以习近平同志为核心的党中央推动党和国家机构职能实现系统性、整体性重构，为党和国家事业取得历史性成就、发生历史性变革提供了有力保障。

站在党和国家事业发展全局高度，这次全会审议通过了在广泛征求意见基础上提出的《党和国家机构改革方案》，同意把《党和国家机构改革方案》的部分内容按照法定程序提交十四届全国人大一次会议审议。

“党和国家机构职能体系的改革调整，始终与党和国家事业发展紧密相连。”天津市规划和自然资源局局长陈勇表示，全会部署推进新一轮机构改革，意义十分重大。“我们一定要自觉把思想和行动统一到党中央决策部署上来，坚决维护党中央决策部署的权威性和严肃性，坚定改革信心和决心，以改革创新不断推进国家治理体系和治理能力现代化。”

全会强调，在机构改革中要“以加强党中央集中统一领导为统领”。对此，广大干部群众表示，坚持和加强党的全面领导是深化党和国家机构改革的根本保证和首要任务。

重庆市南岸区委编办副主任冉凌虹认为，机构改革以加强党中央集中统一领导为统领，等于牵住了机构改革的“牛鼻子”，有利于形成总揽全局、协调各方的党的领导体系，推动党对社会主义现代化建设的领导在机构设置上更加科学、在职能配置上更加优化、在体制机制上更加完善、在运行管理上更加高效。

全会公报指出，要坚定不移深化改革开放，紧紧围绕全面建设社会主义现代化国家的目标，推出一批战略性、创造性、引领性改革举措，加强改革系统集成、协同高效，在重要领域和关键环节取得新突破。

近年来，深圳市前海管理局探索和深化法定机构改革创新，走出一条既衔接党政机关体制机制又具有鲜明市场化、企业化运作特征的路子，这让管理局副局长王锦侠切身感到改革的重要作用。

“改革只有进行时、没有完成时。”王锦侠表示，要深刻学习和理解全会精神，更加充分认识到坚定不移深化改革开放的重要性和紧迫性，推动改革举措落地见效，以改革的新动力为发展注入新活力。

推动学习宣传贯彻往深里走、往实里走，使党的二十大精神真正深入人心、切实落实到位

深入学习宣传贯彻党的二十大精神，是当前和今后一个时期全党的首要政治任务。

全会要求，在全党深入开展学习贯彻习近平新时代中国特色社会主义思想主题教育，要科学谋划、精心组织，强化理论学习和运用，取得实实在在的成效。

“用党的创新理论武装全党是党的思想建设的根本任务。”中央党校（国家行政学院）党的建设教研部教授郑琦表示，当前正处于以

中国式现代化全面推进中华民族伟大复兴的关键节点，只有坚持不懈用习近平新时代中国特色社会主义思想凝心铸魂，才能更好地把全党全国人民的思想和行动统一到党中央的决策部署上来，才能更好地锚定奋斗目标，向着中华民族伟大复兴的历史伟业奋勇前行，才能更好地迎接风险挑战，带领广大人民群众，从胜利走向更大的胜利。

理论只有被群众掌握、所用，才能焕发出巨大的生命力。

开展党的二十大精神宣讲会、红色观影、诵读红色书籍、党群服务中心揭牌……位于江苏的中天钢铁集团以多种形式促进党的二十大精神走进企业。

中天钢铁集团淮安精品钢帘线项目负责人盛荣生在谈到学习全会精神时说，要进一步丰富载体、创新手段，以集团职工喜闻乐见的形式推动党的二十大精神学习进一步深化，把理论学习的成果转化为扎扎实实的行动和推动企业发展的实际成果。

全面建设社会主义现代化国家、全面推进中华民族伟大复兴，关键在党。

全会强调，要深入贯彻落实党的二十大对党的建设作出的战略部署，时刻保持解决大党独有难题的清醒和坚定，健全全面从严治党体系。

陕西潼关县纪委书记、监委主任张新峰表示，在新时代新征程上，必须一刻不停推进全面从严治党，推进政治监督具体化、精准化、常态化，始终以严的基调强化正风肃纪，营造风清气正的政治生态，凝聚起求真务实、担当作为、干事创业的强大正能量。

迈步新时代，踏上新征程。广大干部群众表示，要以全会精神为指引，坚定发展信心，保持战略清醒，发扬斗争精神，为全面建设社会主义现代化国家、全面推进中华民族伟大复兴而不懈奋斗。（新华社记者）

干部要有铁肩膀、真把式

“心中有责，手里有活，脸上才有光。”记者近日在农村基层采访时，碰到一起农民自建房屋占用农田的事件，县里带队的一位干部坚持原则、顶住压力，依法依规拆除了违建房屋，同时走村入户，耐心细致做通群众思想工作。说起整治农村违建等“老大难”问题，这位干部有感而发，说出了这句让人深思的干事心得。

志不求易者成，事不避难者进。全党深入开展学习贯彻习近平新时代中国特色社会主义思想主题教育以来，广大党员干部积极践行“重实践”要求，鼓足干事创业的精气神，以学促干，攻坚克难，有力推动了事业发展。“为官避事平生耻”，就像那位基层干部所说，越是错综复杂的局面，越是急难险重的任务，广大党员特别是各级领导干部，越要以身作则、以上率下，在履职尽责、苦干实干中锤炼共产党员的政治本色，在发现问题、直面问题、解决问题中赢得百姓口碑。

干部干部，“干”字当头。练就敢于担当、实干尽责的铁肩膀，是党员干部的基本功。“光说不练假把式”“软肩膀扛不起硬担子”，检验一个地方主题教育的成效和成色，要看各级党员干部干事创业的实绩实效。是辛勤耕耘还是靠天吃饭，是站着说话还是起而行之，是动真碰硬还是虚与委蛇，决定了事业成败，也影响着政治生态。党风决定政风、带动社风，要大力倡导恪尽职守、担当作为，迎难而上、敢于斗争的状态和作风，严肃整治拈轻怕重、躺平甩锅、敷衍塞责、得过且过等消极现象。

“刀在石上磨，人在事上练。”从“国之大者”到“民之关切”，不管是办大事还是干小事，都离不开担当作为的自觉和干劲。到群众中间去，到基层一线去，到条件艰苦、矛盾多发的地方去，更容易找到办法、增长才干。习惯在办公室看材料，坐等上级指示办事，遇到“疑难杂症”绕道走，不善于和群众打交道，稍遇挫折就打退堂鼓……凡此种种，无论是能力不足不善为、动力不足不想为，还是担当不足不敢为，都应当改进提升。大事难事看担当，只有以造福百姓为荣，以解决难题为乐，才能创造不负时代、不负人民的新业绩。

大兴调查研究，激励干部到基层去，细化落实容错机制……主题教育开展以来，从中央到地方不断探索完善担当作为激励和保护机制，持续强化想干事、能干事、干成事的氛围，“能者上、庸者下、劣者汰”的选人用人导向愈发鲜明，“太平官”“甩手掌柜”“只挂帅不出征”等消极现象越来越没有市场。一个地方政治生态好、干事创业氛围浓，党员干部就成长快、老百姓就收获多。为担当者担当，为负责者负责，为干事者撑腰，这样才能不断匡正干的导向、增强干的动力、形成干的合力。（新华社记者涂洪长）

必须坚持和加强党的全面领导、坚定不移全面从严治党

习近平总书记在参加十四届全国人大一次会议江苏代表团审议时强调，推动高质量发展，必须坚持和加强党的全面领导、坚定不移全面从严治党。这一重要论述回答了推动高质量发展的政治方向、政治保障等重大问题，对确保沿着正确方向有力推动高质量发展具有极其重要意义。

办好中国的事情，关键在党、关键在全面从严治党。做好经济工作，必须坚持党的全面领导特别是党中央集中统一领导。党的十八大以来，我们之所以能战胜一个又一个风险挑战，推动经济发展质量和效益全面提升，续写经济快速发展和社会长期稳定“两大奇迹”，最根本的原因是有以习近平同志为核心的党中央领航掌舵，有习近平新时代中国特色社会主义思想科学指引。当前，我国发展进入战略机遇和风险挑战并存、不确定难预料因素增多的时期。越是形势复杂、任务艰巨，越要坚持和加强党的全面领导、坚定不移全面从严治党，把党领导经济工作的制度优势转化为治理效能，为推动高质量发展、推进中国式现代化建设提供坚强有力的政治引领和政治保障。

治国必先治党，治党务必从严。推动高质量发展是一项系统工程，涉及各方面各领域各环节，必须充分发挥党总揽全局、协调各方的领导核心作用。事在四方，要在中央。深刻领悟“两个确立”的决定性

意义，增强“四个意识”、坚定“四个自信”、做到“两个维护”，完善党中央重大决策部署落实机制，确保执行党中央战略决策不偏向、不变通、不走样，就能形成协同推进高质量发展的强大合力，完成好经济社会发展各项目标任务。各级党委要牢牢扛起全面从严治党主体责任，健全全面从严治党体系，加强各领域党建工作，以高质量党建保障高质量发展。

推动高质量发展，离不开科学理论指导。从科学判断我国进入高质量发展阶段，到强调完整、准确、全面贯彻新发展理念，加快构建新发展格局；从提出“四个必须”的明确要求，到阐明推动和实现高质量发展的必由之路、战略基点、必然要求、最终目的，习近平总书记从党和国家事业发展全局的高度，对推动高质量发展作出一系列重要论述和部署安排，为我们牢牢把握高质量发展这个首要任务提供了根本遵循。思想是行动的先导。要深入开展学习贯彻习近平新时代中国特色社会主义思想主题教育，着力在学懂、弄通、做实上下功夫，不断用党的创新理论武装头脑、指导实践、推动工作，在科学理论指引下实现高质量发展。

推动高质量发展，必须充分发挥领导干部“关键少数”作用。要加强干部队伍建设，让领导干部特别是年轻干部经受严格的思想淬炼、政治历练、实践锻炼、专业训练，在复杂严峻的斗争中经风雨、见世面、壮筋骨、长才干，切实增强推动高质量发展的本领。大道至简，实干为要。在以习近平同志为核心的党中央坚强领导下，广大党员干部始终保持奋发有为的精神状态和“时时放心不下”的责任意识，求真务实、真抓实干，一定能够取得推动高质量发展的扎实业绩，为全面建设社会主义现代化国家作出新的更大贡献。（新华社评论员）

把“当下改”和“长久立”结合起来

深入开展学习贯彻习近平新时代中国特色社会主义思想主题教育，要坚持“当下改”与“长久立”相结合，既解决问题又建章立制，以新气象新作为推动高质量发展取得新成效，对主题教育中学习贯彻习近平新时代中国特色社会主义思想的好做法好经验，及时以制度形式固定下来。同时，建立巩固深化主题教育成果的长效机制，健全学习贯彻党的创新理论的制度机制，确保常态长效。

敢于直面问题、勇于修正错误是我们党的显著特点和优势。主题教育要坚持问题导向，带着问题学、奔着问题去、对着问题改，解决真问题、真解决问题，把检视整改、建章立制贯穿始终。各级党组织和广大党员、干部要坚持边学习、边对照、边检视、边整改，把问题整改贯穿主题教育始终，让人民群众切实感受到解决问题的实际成效；要发扬刀刃向内的自我革命精神，坚持分类整改与集中整治相结合，深入查摆不足，列出问题清单，抓好突出问题的整改整治，确保取得实际成效。

深入开展主题教育，要对标对表习近平新时代中国特色社会主义思想和党中央重大决策部署，系统梳理调研发现的问题、推动发展遇到的问题、群众反映强烈的问题，结合巡视巡察、审计监督发现的问题，逐条列出问题清单；推动把学、查、改有机贯通起来，全面查找自身不足和工作偏差，从一开始就改起来，能改的马上改，一时解决不了的要明确具体措施、整改时限、责任分工，确保整改到位；各地区各部门各单位要确定若干群众反映强烈、长期没有解决的突出问题，制定专项整治方案，采取台账式管理、项目化推进的方式进行集中整治，动真碰硬、务求实效，防止大而化之、避重就轻、避实就虚，防止作表面文章、搞数字整改甚至弄虚作假；要把“当下改”与“长久立”结合起来，做好完善机制、建章立制的工作，防止问题反弹。

推动高质量发展是主题教育的重要着力点。“当下改”与“长久立”有机统一于推动高质量发展取得新成效。要通过深入开展主题教育认真贯彻落实党中央关于贯彻新发展理念、构建新发展格局、推动高质量发展的一系列决策部署，结合实际拿出具体措施；要引导党员、干部打破思维定式，转变思想观念，理清影响和制约高质量发展的问题短板及其根源，开展“靶向治疗”；推动办实事、解民忧，积极开展“民呼我为”“接诉即办”等，着力解决民生领域突出问题；促使党员、干部树牢正确的权力观、政绩观、事业观，发扬“功成不必在我、功成必定有我”的精神，一张蓝图绘到底，一茬接着一茬干，防止换届后容易出现的政绩冲动、盲目蛮干、大干快上以及“换赛道”“留痕迹”等现象。（新华社记者齐雷杰）

第二章

利剑高悬展锋芒

扫一扫，观看

《中共中央办公厅印发〈通知〉 在全党开展党纪学习教育》

中央党的建设工作领导小组召开会议 研究部署党纪学习教育工作 蔡奇主持并讲话 李希出席并讲话

中央党的建设工作领导小组2024年4月3日召开会议，学习贯彻习近平总书记关于党纪学习教育的重要讲话和重要指示精神，听取党纪学习教育准备工作情况汇报，研究部署党纪学习教育工作。中共中央政治局常委、中央党的建设工作领导小组组长蔡奇主持会议并讲话，中共中央政治局常委、中央党的建设工作领导小组副组长李希出席会议并讲话。

会议指出，经党中央同意，自2024年4月至7月在全党开展党纪学习教育。这次党纪学习教育，是加强党的纪律建设、推动全面从严治党向纵深发展的重要举措。党中央高度重视，习近平总书记多次就开展党纪学习教育发表重要讲话、作出重要指示，为开展党纪学习教育提供了重要遵循。近日，中共中央办公厅印发《关于在全党开展党纪学习教育的通知》。我们要深入学习贯彻习近平总书记的重要讲话和重要指示精神，落实《通知》要求，深刻领悟“两个确立”的决定性意义，坚决做到“两个维护”，切实把思想和行动统一到党中央决策部署上来。

会议强调，要进一步深化对加强党的纪律建设重要性和忽视党纪、违反党纪问题危害性的认识，推动各级党组织和领导班子从严抓好党的纪律建设，推动广大党员、干部强化遵守纪律的自觉，以严明的纪律确保全党自觉同以习近平同志为核心的党中央保持高度一致，统一思想、统一行动，知行知止、令行禁止，形成推进中国式现代化的强大动力和合力。要准确把握这次党纪学习教育的目标要求，教育引导党员干部学纪、知纪、明纪、守纪，搞清楚党的纪律规矩是什么，弄明白能干什么、不能干什么，始终做到忠诚干净担当。

会议指出，要抓住学习重点，在学习贯彻《中国共产党纪律处分条例》上下功夫见成效。坚持逐章逐条学、联系实际学，抓好以案促学、以训助学，教育引导党员干部准确掌握其主旨要义和规定要求，进一步明确日常言行的衡量标尺，用党规党纪校正思想和行动，真正使学习党纪的过程成为增强纪律意识、提高党性修养的过程。

会议强调，要压实各级党组织的领导责任，各级领导班子和党员领导干部带头学习，推动党员干部高质量完成党纪学习教育任务。要加强宣传引导，力戒形式主义，以良好作风保证党纪学习教育走深走实。要坚持两手抓两促进，把开展党纪学习教育同落实党中央重大决策部署、完成本地区本部门本单位重点工作紧密结合起来，使党纪学习教育每项措施都成为促进中心工作的有效举措，切实防止“两张皮”。

李干杰、李书磊、姜信治出席会议。

中央党的建设工作领导小组成员等参加会议。

新华社北京 2024 年 4 月 3 日电

形成全面覆盖、常态长效的监督合力

——全面从严治党启新程之“监督执纪篇”

监督是治理的内在要素，在管党治党、治国理政中居于重要地位。

党的二十大报告指出，健全党统一领导、全面覆盖、权威高效的监督体系，完善权力监督制约机制，以党内监督为主导，促进各类监督贯通协调，让权力在阳光下运行。

在以习近平同志为核心的党中央坚强领导下，中央纪委国家监委和各级纪检监察机关持续深化纪检监察体制改革，推动完善党和国家监督体系，以党内监督为主导、促进各类监督贯通协调，形成全面覆盖、常态长效的监督合力，为全面建设社会主义现代化国家开好局起好步提供坚强保障。

聚焦“国之大者”强化政治监督

“有的地方盲目上马高耗能、高耗水项目；有的没有树立‘共同抓好大保护、协同推进大治理’理念，只考虑辖区的用水问题……”

近期，中央纪委国家监委驻生态环境部纪检监察组前往沿黄省份围绕黄河流域生态保护、水资源利用、水环境治理等方面情况开展实地督查，督促驻在部门履职尽责，压实生态环保政治责任，守护黄河安澜。

党中央重大决策部署到哪里，政治监督就跟进到哪里。

从严肃调查追责问责防疫责任和措施落实不力问题，到密切关注群众反映和舆情信息，建立涉疫举报“绿色通道”，即收即办、快查快办、及时反馈；

从加强北京冬奥会、冬残奥会筹办工作监督，为“像冰雪一样纯洁干净”的盛会提供坚强纪律保障，到聚焦生态环境保护重点工作，以风清气正的政治生态呵护山清水秀的自然生态；

从围绕构建新发展格局履行监督职责，增强服务党和国家工作大局的自觉和实效，到围绕巩固拓展脱贫攻坚成果同乡村振兴有效衔接，开展过渡期专项监督……

中央纪委国家监委和各级纪检监察机关持续推进政治监督具体化、精准化、常态化，确保党中央战略部署不偏向、不变通、不走样。

“监督发现，102项重大工程项目中仍有部分未分解到位，需要加快落实进度。”

2022年6月底，在第二季度监督调度会上，中央纪委国家监委驻国家发改委纪检监察组围绕驻在部门重点任务监督台账中的任务进展、存在问题展开讨论。

打开这份台账，纵横两个坐标维度，监督任务、责任司局、完成时限等要素清晰，监督重点一目了然。

建立健全政治监督清单、加强政治生态研判、组织开展专项政治监督、探索派驻派出机构和被监督单位党组（党委）专题会商……一系列创新举措推动政治监督融入日常、做在经常，并朝着具体化、精准化、常态化的方向发展。

“推进政治监督具体化、精准化、常态化，是党的二十大报告的明确要求。”中央纪委国家监委办公厅有关负责人表示，各级纪检监察机关将谋实思路、扎实工作，防止笼而统之、大而化之，着力纠正政治偏差，保障党中央大政方针落地见效。

充分发挥政治巡视利剑作用

巡视是政治巡视，本质是政治监督。

2022 年 7 月，十九届中央第九轮巡视反馈工作全部完成。十九届中央巡视高质量完成全覆盖任务。

截至目前，中央、省、市、县四级全部建立巡视巡察制度，179 家中央单位开展内部巡视，构建了与党的领导体制、国家治理体系相适应的巡视巡察战略格局。

“将进一步完善巡视工作领导体制，加强对省区市巡视工作的指导督导，深化对中央单位内部巡视工作分类指导，健全上下联动的有效机制。”中央巡视办有关负责人介绍，同时，还要深化巡视巡察上下联动，着力推动市县巡察向基层延伸，加强对村（社区）党组织巡察。

围绕党的二十大报告提出“发挥政治巡视利剑作用，加强巡视整改和成果运用”的要求，一系列工作紧锣密鼓地开展——

坚持政治巡视定位和中央巡视工作方针，认真研究谋划二十届中央巡视工作；

及时推进《中央巡视工作规划（2023—2027 年）》研究制定工作，把“两个维护”作为根本任务，把贯彻落实党的二十大精神情况作为重中之重，把严的要求贯彻到政治巡视全过程各环节；

着眼高质量完成一届任期内巡视全覆盖，研究二十届中央第一轮、第二轮巡视任务安排；

持续加强巡视整改和成果运用，健全整改工作机制，推动党委（党组）落实整改主体责任，把巡视整改与贯彻落实党的二十大精神、推进改革发展结合起来，增强以巡促改、以巡促建、以巡促治实效。

同时，中央巡视办有关负责人还表示，将认真总结新时代以来巡视工作理论和实践创新成果，适应新的形势任务需要，修订《中国共产党巡视工作条例》，完善相关工作规则和配套制度，确保巡视工作每一个环节都有章可循、有规可依。

巩固拓展纪检监察体制改革成果 加强纪检监察工作规范化法治化正规化建设

规范组织设置、完善领导体制、明确工作职责……2022年6月，《纪检监察机关派驻机构工作规则》全文公布并自发布之日起施行，深化派驻机构改革迈出新步伐。

改革，是新时代纪检监察工作高质量发展的根本动力。

从加强纪律监督、监察监督、派驻监督、巡视监督统筹衔接，到在党内监督主导下，做实专责监督、贯通各类监督，推动完善党和国家监督体系；

从推进纪检监察双重领导体制具体化、程序化、制度化，加强上级纪委监委对下级纪委监委的领导，到持续深化派驻机构改革，强化派出机关对派驻机构直接领导、统一管理；

从健全"组组"协同监督、"室组"联动监督、"室组地"联合办案机制，到完善系统集成、协同高效的工作机制，构建纪检监察法规制度体系……

党的纪律检查体制改革、国家监察体制改革、纪检监察机构改革一体推进，中国特色社会主义监督制度优势不断转化为治理效能。

党的二十大报告作出"完善党的自我革命制度规范体系"重大部署，对"健全党统一领导、全面覆盖、权威高效的监督体系"提出具体要求。

中央纪委国家监委法规室有关负责人介绍，下一步将研究开展《中国共产党纪律处分条例》修订工作，增强监督刚性。同时，适时研究制定纪检监察机关监督检查工作办法、纪检监察建议工作办法等，推动完善党和国家监督制度。

监督者首先要接受监督。"对纪检监察干部立案近1200件，处分1100余人，移送司法机关54人……"

2022 年 9 月，中央纪委国家监委通报 2022 年上半年对纪检监察干部监督检查审查调查情况，为纪检监察干部敲响警钟。

“纪检监察权是‘治权之权’，纪检监察干部是‘治吏之吏’，打铁必须自身硬。”中央纪委国家监委纪检监察干部监督室有关负责人表示，要准确把握纪检监察队伍政治生态阶段性特点，持续推进实践创新和制度创新，以严的基调正风肃纪、以零容忍态度反腐惩恶，严防“灯下黑”，为建设一支纪检监察铁军提供有力保证。（新华社记者范思翔）

依法监督 动真碰硬

——十三届全国人大常委会监督工作出实招见实效

监督权是宪法和法律赋予全国人大常委会的一项重要职权。

过去 5 年，十三届全国人大常委会紧紧围绕党和国家工作大局开展监督，坚持正确监督、有效监督、依法监督，推动党中央决策部署贯彻落实，人大监督在不断探索中实现提质增效。

5 年来，全国人大常委会共听取、审议 109 个有关监督工作的报告，检查 30 件法律和决定实施情况，开展 33 项专题调研、11 次专题询问，对近万件规范性文件进行了备案审查。

“全链条”监督护航高质量发展

云南亚洲象往返行进 1000 多公里回到栖息居所，“微笑天使”江豚时隔多年再次亮相长江水面……近年来，绿水青山的“生态颜值”和人民生活的幸福指数同步提升。

2022 年 8 月 30 日，环境保护法执法检查报告提请全国人大常委会审议。报告指出，我国环境质量得到显著改善，生态系统得到持续修复，绿色发展成效不断显现。

5 年来，全国人大常委会聚焦生态环保领域的突出问题，精准发力，在连续 4 年对大气、水、土壤、固体废物污染防治领域的专项法律实施情况进行检查后，2022 年全国人大常委会启动对环境保护法的执法检查。

执法检查是人大监督的法定形式和重要途径。全国人大常委会在执法检查过程中，不断创新形式、完善机制，将实地检查与随机抽查、问卷调查、网络调研结合起来，既有明察也有暗访。执法检查不讲情面、不走过场，直奔问题、动真碰硬，变监督压力为改进工作的动力，助推生态环境持续改善。

“执法检查是一个很好契机。”全国人大常委会办公厅有关部门负责人表示，人大监督通过各方形成合力，依法、科学、精准治污，助推生态环境质量改善，让老百姓实实在在感受到经济社会变化。

与此同时，结合审议执法检查报告开展专题询问，听取审议生态环保领域相关专项工作报告，把执法检查、听取审议报告、专题询问三种监督形式有机结合，形成人大监督工作的“组合拳”。

如今，这种从执法检查到听取报告再到专题询问的“全链条”监督模式运用更加广泛，让法律制度的“牙齿”充分咬合。

守好“国家账本”　护好国有资产

对“国家账本”和国有资产管理情况进行监督，是全国人大常委会的一项重要职责。

十三届全国人大常委会聚焦党中央决策部署和人民所思所盼所愿做好监督工作，持续推进预算审查监督重点拓展改革，加强国有资产管理情况监督。

预算，关系经济社会发展，更关乎民生福祉。

2018 年 3 月，中共中央办公厅印发《关于人大预算审查监督重点向支出预算和政策拓展的指导意见》，明确提出对政府预算开展全口径审查、全过程监管，加快推进预算联网监督工作。

打造“阳光财政”，提高“国家账本”透明度。5 年来，预算联网监督深入推进，通过开展具有开拓性和创新性工作，为持续深入推进对预算的全口径审查、全过程监管，增强预算审查监督实效发挥了重要作用。

全国人大常委会运用全国人大预算联网监督系统，实现对一般公共预算、政府性基金预算、国有资本经营预算、社会保险基金预算审查的全覆盖，并全程紧盯 3.5 万亿元中央部门预算资金、4 万亿元中央财政直达基层资金的使用情况，统筹稳增长与防风险，加强地方政府债务监督，确保财政资金用好用到位，助力经济和社会发展，让人民群众切实受益。

“5 年来，全国人大和地方人大预算联网监督系统建设和使用工作持续深入推进，取得积极成效。”全国人大常委会预算工作委员会负责同志说。

一本本明白账、放心账，让群众切实看到人大在监督工作中留下的坚实印记。

国有资产是全体人民共同的宝贵财富。2022 年 10 月，十三届全国人大常委会第三十七次会议听取和审议了国务院关于 2021 年度国有资产管理情况的综合报告，实现了国有资产管理情况监督工作第一个 5 年周期的圆满收官。

党的十九大以来，全国人大常委会贯彻落实党中央关于加强人大国有资产监督职能、建立国有资产管理情况报告制度的重大决策部署，认真开展监督工作，推动摸清全口径国有资产家底，国有资产管理治理取得明显成效。

2017 年至 2021 年，全国企业国有资本权益从 50.3 万亿元增长到 86.9 万亿元，年均增长 14.6%；金融企业国有资本权益从 16.2 万亿元增长到 25.3 万亿元，年均增长 11.8%；行政事业性国有净资产从 20.5 万亿元增长到 42.9 万亿元，年均增长 20.3%；丰富的土地、矿产等国有自然资源资产家底更加全面翔实。

把公共财政、国有资产置于阳光之下，彰显人大监督的刚性品质和为民情怀。5 年来，全国人大常委会量化评价、精准监督工作提级加速，助推党中央决策部署贯彻落实更加有力有效，财政在国家治理体系中的基础和重要支柱作用，国有资产作为中国特色社会主义、中国式现代化的重要物质基础政治基础作用进一步彰显，更好地服务国家发展和造福人民。

回应民生关切　提升监督实效

全国人大常委会把事关人民群众普遍关注的突出问题，作为监督工作的重点。

执行是司法领域关键一环。“执行难”是长期以来人民群众反映强烈的司法领域的突出问题之一，解决“执行难”直接关系到人民群众对全面依法治国、建设社会主义法治国家的信心。

2018 年 10 月 25 日，北京人民大会堂举行一场不同以往的专题询问会。这是全国人大常委会首次对“两高”工作开展专题询问。

与会的常委会委员和全国人大代表，围绕人民法院解决“执行难”，提出了一连串问题：怎么算“基本解决执行难”？怎样切实解决执行过程中查人找物难题？执行不能、受害人又很困难的案件怎么办？……最高人民法院负责人对上述问题一一作答。

问得直接，答得坦诚。面对面问答使监督更有实效，凸显了本届全国人大常委会对司法工作的高度重视。

2019 年，为更好发挥跟踪监督效果，针对“执行难”问题，改变以往书面报告审议意见整改落实情况的监督形式，全国人大常委会专门听取和审议了最高人民法院关于研究处理对解决“执行难”工作情况报告审议意见的报告，彰显了人大监督一抓到底的决心定力，有力促进公正司法、司法为民。

人民群众的关切就是人大监督的着力点。

全国人大常委会深入践行以人民为中心的发展思想，围绕养老机构建设、医师队伍管理、推进社会救助工作等开展监督，推动解决涉及人民群众切身利益的突出问题。

对于未成年人保护这一项复杂的社会系统工作，全国人大常委会于 2022 年 10 月听取审议了人民检察院开展未成年人检察工作情况的报告。

全国人大监察司法委司法室同志介绍，针对未成年人保护工作涉及部门多、覆盖领域广，具有较强的综合性的特点，调研组提出不停留于就未检谈未检，建议将报告审议意见发送范围扩展至国务院未保办相关成员单位，以推动未成年人保护大格局整体发力、共同提升。

全国人大常委会的监督工作触角更全面更充分延伸到群众生活各个细节，切中要害、增强实效，更好地推动监督工作满足人民群众的需求与期盼。

不负光荣使命，履行法定职责。新征程上，全国人大常委会将锚定推进法治中国建设的目标踔厉奋发、勇毅前行，不断开创人大监督新局面。（新华社记者刘奕湛）

驰而不息磨砺巡视利剑

◆ 从历史深处走来的巡视制度，一以贯之于党的百年奋斗历史进程之中，一以贯之于全面从严治党的伟大实践之中，是我们党坚持自我革命的重要法宝

◆ 党的十八大以来，我们党始终把政治巡视放在统领位置，巡视工作不断常态化，在周期化、全覆盖、重整改、强基础方面取得扎实进展

◆ 巡视制度融合党的优良传统和新鲜经验，融通历史和现实，贯通经验和规范，为发扬好党的历史经验，探索把历史经验转化为制度形态提供了优良的样本

根据十九届中央纪委六次全会发布的信息，截至目前，十九届中央巡视已累计完成对 254 个地方、单位党组织的巡视，巡视全覆盖取得扎实进展。随着全面从严治党不断向纵深推进，综合监督作用和系统优势越来越彰显，成为党的领导政治优势在监督领域的充分体现。

巡视，是加强党内监督的战略性制度安排，是全面从严治党的有力抓手。巡视制度更是震慑腐败分子、监督权力行使、整顿党风政风的一把利剑。

党的十八大以来，巡视工作不断制度化、常态化、周期化，形成了以政治巡视为统领、一般巡视和专项巡视相结合的制度样态，党章和《中国共产党巡视工作条例》为巡视工作有序开展提供了基本遵循。巡视制度成为党的自我革命的重要方式，发挥了应有作用、作出了突出贡献。

坚持自我革命的重要法宝

我们党的巡视制度，萌芽于党的创建和大革命时期，形成和成熟于土地革命时期，是我们党在残酷的革命斗争中形成的重要制度。

中央特派员制度可以看作是巡视制度的前身。在大革命和土地革命时期，中央特派员制度在维护党中央权威、督查地方工作、防止组织涣散、解决内部矛盾等方面，发挥了重要作用。

1927 年 11 月，中央临时政治局召开扩大会议，规定“应当开始建立各级党部的巡视指导制度”，首次提出从中央到地方建立并实行巡视制度。

1928 年 10 月 8 日，中共中央发布《中央通告第五号——巡视条例》，在党的历史上第一次制定了巡视方面的党内法规，标志着中国共产党的巡视制度正式建立。

巡视制度的建立和规范化，为我们党在新民主主义革命时期维护党中央权威、监督地方党组织、解决内部矛盾发挥了特殊作用。

在改革开放和社会主义现代化建设时期，巡视制度获得了重新确立。1990 年 3 月，党的十三届六中全会提出中央和各省、自治区、直辖市党委，可根据需要向各地、各部门派出巡视小组，授以必要的权力，对有关问题进行监督检查，直接向党中央和省、区、市党委报告情况。

2002 年 11 月，党的十六大作出“改革和完善党的纪律检查体制，建立和完善巡视制度”的重大决策，巡视制度进入常态化、制度化的新阶段。2004 年，中央纪委和中央组织部联合制定《关于中共中央纪委、中共中央组织部巡视工作的暂行规定》，在改革开放之后首次对巡视制度进行了规范化。2007 年 10 月，党的十七大修改党章，增写了党中央和省、自治区、直辖市党委实行巡视制度的内容，在党章中首次确立了巡视制度的地位。

2009 年 5 月，中央政治局颁布施行《中国共产党巡视工作条例（试行）》，对巡视工作的指导思想、基本原则、机构设置、工作程序等做了明确规定。同年 11 月，中央作出成立中央巡视工作领导小组的决定，巡视制度的规范化、科学化、制度化程度不断加强。

从历史深处走来的巡视制度，一以贯之于党的百年奋斗历史进程之中，一以贯之于全面从严治党的伟大实践之中，是我们党坚持自我革命的重要法宝。

全面从严治党的有力抓手

党的十八大以来，巡视工作不断适应新时代党的事业发展和全面从严治党的需要，形成了一系列创新制度，实现了巡视制度发展历程中的诸多“第一”，不断推动形成更加成熟、更加定型的巡视制度，实现巡视工作的制度化、常态化、周期化，为全面从严治党向纵深发展筑牢了制度基础。

2013 年 5 月，中央决定对十个省级地方党委、国家部委党组、国有企业党组（党委）和中管高校党委派出中央巡视组，开启了党的十八大后首次中央巡视，巡视利剑在十八大后首次出鞘。

这一轮巡视的诸多创新亮点，有力地保证了巡视的有效性和权威性，也成为巡视制度化的实践样本。

一是建立“三个不固定”制度，即巡视组组长不固定、巡视地区和单位不固定、巡视组同巡视对象的关系不固定，避免巡视组同巡视单位因“一一对应”造成利益捆绑关系，也避免巡视组受“人情”“关系”的困扰。

二是建立“一次一授权”制度，建立巡视组组长库，改变巡视组组长“铁帽子”的状态，巡视组组长由退任省部级领导干部或重要岗位的省部级领导干部担任，增强巡视组的权威性。

三是厘清巡视和日常纪律检查、组织工作的边界，巡视组“只报告、不办案”，中央巡视组将发现问题的问题、线索做分类处置：对领导干部涉嫌违纪的线索和作风方面的突出问题，移交有关纪律检查机关；对执行民主集中制、干部选拔任用等方面存在的问题，移交有关组织部门。移交后，有关部门须优先办理巡视移交的问题和线索，并在规定的期限内向中央巡视办反馈办理结果。

始终把政治巡视放在统领位置，是党的十八大以来巡视制度建设的鲜明特点，体现了我们党旗帜鲜明讲政治的政治品格，也延续了巡视制度自形成以来的优良传统。

党的十八大以来，党中央就明确：中央巡视不是一般的业务巡视和工作巡视，而是政治巡视。政治巡视把被巡视对象贯彻落实党中央决策部署和习近平总书记重要讲话精神放在首位，重点巡视党员领导干部依照国家法律和党内法规履职尽责的情况，巡视党的领导和党中央权威贯彻落实的情况，巡视党组织建设以及干部队伍建设的情况，巡视全面从严治党和政治生态的情况。

党的十八大以来，巡视工作不断常态化，在周期化、全覆盖、重整改、强基础方面取得扎实进展。

在周期化方面，党的十九大修改通过的党章明确规定，党的中央和省、自治区、直辖市委员会实行巡视制度，在一届任期内，对所管理的地方、部门、企事业单位党组织实现巡视全覆盖。

在全覆盖方面，巡视对象包含巡视主体所管理的全部党组织，巡视内容从过往的违纪违法和选人用人问题，扩展到党的政治建设、贯彻落实党中央决策部署以及全面从严治党等方方面面，形成了全主体、全内容的全覆盖巡视。

在重整改方面，党中央部署巡视整改和巡视“回头看”，督促巡视发现的问题整改，不断扎紧制度的笼子，以巡视一体推动不敢腐、不能腐、不想腐。巡视已经成为各级党组织不断纠正错误、补足漏洞、推动工作的制度抓手，倒逼各项制度和工作机制更加符合国家治理体系和治理能力现代化的要求，更加符合党的纪律和国家法律的要求，更加符合人民群众对党组织和党员干部的期待。巡视制度的政治优势，在实践中不断转化为推动党和国家事业发展的治理效能。

在强基础方面，完善省级以下党委的巡察制度建设，加强高等学校、国有企业等“条条”领域的巡视巡察体制机制建设，推动巡视巡察工作向基层延伸，推动巡视巡察工作从“抓关键少数”向“管绝大多数”转变。

在不断强化巡视监督作用的同时，中央采取各项措施防止巡视“灯下黑”。正人先正己，党中央对巡视组及巡视组成员提出了严格的政治要求和纪律要求。《中国共产党巡视工作条例》对巡视纪律作出了详细规定，《中国共产党纪律处分条例》对于违反巡视纪律的行为规定了党纪处分，严肃巡视纪律，增强巡视的有效性。

党的十八大以来，以习近平同志为核心的党中央以“刀刃向内”的勇气，查处一批违反巡视纪律的党员领导干部，一批中央巡视组组长、副组长和工作人员因违反巡视纪律受到党纪国法的严惩，有效维护了巡视工作的权威，严肃了巡视纪律。

利剑高悬磨砺锋芒

党的十八大以来，巡视制度不断完善优化，巡视领域的党内法规建设持续加强。

2015 年 8 月，党中央颁布施行《中国共产党巡视工作条例》，在原有试行条例基础上吸收了党的十八大以来巡视工作形成的新鲜经验和创新制度。2017 年 7 月，党中央再次修改《中国共产党巡视工作条例》，深化政治巡视，进一步发挥巡视监督全面从严治党利剑作用。

两年内两次修改一部党内法规，在党内法规发展历程上是非常罕见的。这表明以习近平同志为核心的党中央高度重视巡视工作，把巡视制度建设作为党的建设制度改革的重要组成部分，以巡视的制度创新巩固反腐败斗争压倒性胜利的成果，推动全面从严治党向纵深发展。

巡视制度的完善和优化，为把坚持自我革命的历史经验转化为制度成果提供了样本。

党的十八大以来，巡视制度始终保持维护党中央权威、督促地方党组织贯彻落实中央决策、保证党中央令行禁止的优良传统，巡视利剑勇于向自身开刀、向破坏党的团结和党中央集中统一领导的现象开刀、向贪污腐败分子开刀，取得了一系列重大成就，为反腐败斗争取得压倒性胜利贡献了力量。

在全面从严治党的伟大实践中，巡视制度通过党内法规制度建设不断把新经验、新办法、新举措转化为法规制度和规范。在新时代全面从严治党的征程上，巡视制度融合党的优良传统和新鲜经验，融通历史和现实，贯通经验和规范，为发扬好党的历史经验，探索把历史经验转化为制度形态提供了优良的样本。

巡视制度的调整和充实，为全面从严治党提供了源源不断的制度供给。

巡视制度，是党的建设制度改革的一个缩影。党的十八大以来，巡视制度不仅在全面从严治党的实践中获得了一系列重大成就，成为全面从严治党的标志性制度之一，而且在制度建设层面获得了一系列重大调整和充实，在全面从严治党中的重要作用更加强化，科学性、权威性、规范性不断提升。

面向新时代，巡视制度将更好地发挥利剑作用，坚持以政治巡视为统领，继续调整和充实巡视的各项体制机制，坚持周期化的巡视节奏，拓展全覆盖的巡视广度，深化重整改的巡视深度，厚植强基础的巡视根基，构建一个更加成熟、更加定型的巡视制度。

巡视制度的实施和运行，为推进党的建设新的伟大工程扎紧了制度篱笆。

全面从严治党永远在路上。推进新时代党的建设新的伟大工程，既需要建章立制、完善制度，更加需要强化制度执行，以“活的制度”推进全面从严治党从“抓关键少数”转向“管绝大多数”。

巡视制度已经成为党中央贯彻落实各项部署，营造风清气正政治生态和震慑贪污腐败分子的利剑，在新时代党的建设新的伟大工程中只能不断强化、不断完善。面对全面从严治党的新形势，要以巡视惩贪的威力强化不敢腐的震慑，以巡视制度的优化扎紧不能腐的笼子，以巡视整改的效能增强不想腐的自觉，把深化巡视制度的实施和运行作为一体推进“三不”体制机制的重要制度路径，让巡视利剑在全面从严治党的磨砺中更加锋利。（武汉大学党内法规研究中心副主任、教授祝捷，刊于《瞭望》）.

完善反腐败基础性立法　促进反腐败专门立法

要善于用法治思维和法治方式反对腐败，加强反腐败国家立法，加强反腐倡廉党内法规制度建设，让法律制度刚性运行。法治反腐，立法先行。党的十八大以来，我国正风肃纪反腐逐步推进，党内法规体系愈来愈健全，国家法律法规、司法解释日益完善，监察体制改革落位运转，纪法贯通、法法衔接逐步顺畅，反腐败斗争取得胜利并全面巩固。面对我国当下反腐败实际，有专业人士曾建议要将成熟的反腐败政策上升为国家意志、着手起草《反腐败法》草案。笔者认为，完善反腐败基础性立法，促进反腐败立法改革，适时制定综合性专门的反腐败法，或为我国法治反腐立法改革的重要选项。

从域外经验看，不同国家反腐败立法模式各有特色。当今世界通行两种反腐败法律体系，一是多数国家采取分散式反腐败法律体系，即反腐败法律规定分散于各个部门法中，这些部门法之间的联系或紧密或松散，涉及反腐败的内容或多或少。目前我国反腐败立法即主要表现为该种形式。二是部分国家采取集中统一的专门反腐败法律体系，比如新加坡、美国、日本等国。这种体系又可分为综合型、实体型与程序型专门立法，无论综合型反腐败立法，还是在内容上有所侧重的其他专门立法模式，所立之法的“专门”性体现于“内容的专项性”而并非“内容的唯一性”，它仍然依赖于国内刑法、刑诉法等相关部门法的良性运行，在此基础上补充、修正与细化，从而构成自成一体的反腐败立法体系。两种立法体系各有其优势，均具合理性。从立法技术上看，反腐败专门立法往往需要立法机关探究本国是否具备成熟的立法改革条件，即探究部门法发展的稳定性程度与集中研究反腐败工作的主要领域，在此基础上才能有针对性地专门立法。

我国反腐败立法体系日臻完善。新中国成立以来，我国反腐败治理从革命运动式反腐走向以纪委为中心的权力反腐，再向现如今形成立法为先、监察主导的制度反腐，经历了漫长的转型过程。进入法治反腐新时代，我国呈现出分散式立法与专门立法相结合、党内法规与国家法律法规相结合的反腐败立法体系。

党内法规体系。形成完善的党内法规体系是建设中国特色社会主义法治体系的重要内容。党的十八大以来，围绕党的纪律、廉政建设、厉行节约、干部监督、选拔任用等方面，先后制定修订出台《中国共产党廉洁自律准则》《中国共产党纪律处分条例》《关于新形势下党内政治生活的若干准则》《中国共产党党内监督条例》等一系列规定，内容科学、程序严密、配套完备，反腐败党内法规体系愈加成熟完善，有力推动了惩治和预防腐败。

国家监察专门立法。宪法修正案中增设“监察委员会”，颁布实施《中华人民共和国监察法》，先后制定同监察法配套的公职人员政务处分法、监察官法、监察法实施条例，将改革前行政监察部门、预防腐败机构和检察机关查处贪污贿赂、失职渎职以及预防职务犯罪等部门的工作力量整合起来，把反腐败资源集中起来，把执纪和执法贯通起来，实现了对所有行使公权力的公职人员监察全覆盖。

刑法、刑诉法等法律法规中的部分内容涉及腐败犯罪的实体与程序规定。刑法和刑诉法是反腐败法律体系的重要基础内容，规定了涉及腐败犯罪的实体标准与程序处理。党的十八大以来，通过制定刑法修正案和相关司法解释，进一步完善贪污受贿犯罪的定罪量刑标准，加大了对行贿犯罪的处罚力度；修改了刑事诉讼法，增设刑事缺席审判制度、认罪认罚从宽制度等，完善与监察法的衔接机制，保障国家监察体制改革的顺利进行。除此之外，我国招标投标法、公务员法等其他基础性法律法规中也多有涉及反腐败的相关规定。

适时启动反腐败综合性专门立法有其需要。我国反腐败斗争已进入法治轨道，反腐败立法体系越来越规范化、科学化、精准化。随着反腐败斗争的深入推进，当前反腐败法律体系运行中难免会出现一些矛盾问题，应引起立法机关重视。党内反腐败法规主要针对党员干部，其他非党社会组织如何开展反腐败斗争、反腐败资源如何更加均衡有序；立法上对崭新的“监察权”概念尚无明确具体的权属定性，监察权如何与刑事司法更加有效衔接；国家监察法作为监察委员会的组织程序法，缺乏反腐败专门立法的有力支撑，如何更好适应艰巨繁重的反腐败斗争的实际需要；有关贪腐违法犯罪行为的认定和处罚散见于刑法、刑事诉讼法等相关法律，一定程度上体现出立法分散、层级不清；法纪贯通、法法衔接工作中仍有不畅，如何打通法纪贯通、法法衔接的“最后一公里”；一些原则性、概括性的法律规定还需要进一步细化具体措施等等。为解决这些矛盾困难，立法机关一方面应不断修订完善反腐败基础性立法，优化现行反腐败立法体系，另一方面待反腐败斗争条件成熟时，及时启动反腐败综合性立法，制定专门的反腐败法，促进反腐败工作更加顺畅，真正形成系统完备、科学规范、运行高效的新时代中国特色社会主义反腐败法治体系。（湖南师范大学法学院华昭琪，刊于《经济参考报》）

探路大数据反腐

◆构建基层公权力大数据监督平台，畅通群众监督渠道，健全基层监督网络

◆办案人员查询关联账户，梳理出40多名涉案人员名下的1100余个账户、40多万条交易明细，以及不动产登记、工商登记、审计报告、工程项目材料等3000余份，以此为基础查证出郑某受贿1.2亿余元的犯罪事实

◆聚焦群众重复投诉、久拖未决以及政策不明、涉及多个部门等难点事项，形成“数据分析－及时预警－推动整改”的大数据日常监督模式

◆“如村民对公示内容有异议，或发现问题线索想举报，既可以在群里发表意见，也可以通过微信小程序‘点对点’直接‘抵达’纪检监察部门后台。”

2022年底，福建一家省属国企原总经理助理郑某，因严重违纪、涉嫌违法犯罪被开除党籍和开除公职。目前，这起案件已进入司法程序。

审查调查中，纪检监察机关利用大数据技术，分析相关人员银行账户信息、交易往来明细、通信和社交软件聊天记录等海量数据。尽管腐败分子利用各种“白手套”转移赃款，但在大数据精准“画像”之下，郑某受贿上亿元的事实最终被查清。

汇聚公安、税务、工商、石化、景区等数据信息，查找违反中央

八项规定精神问题，分析“三公”消费态势；将执纪监督“嵌入”网上办事平台，规范权力运行；构建基层小微权力监督平台，村（居）社区权力行使全程留痕，实时接受监督……近年来，随着数字中国建设深入推进，大数据技术在纪检监察领域有了更多应用。

二十届中央纪委二次全会工作报告明确提出，构建基层公权力大数据监督平台，畅通群众监督渠道，健全基层监督网络。近日，《瞭望》新闻周刊记者在福建多地调研了解到，纪检监察机关通过打通部门数据壁垒，汇聚共享大数据，提升发现腐败线索、审查调查取证、精准执纪监督等各方面能力，实现有效预防、深度反腐、有力惩治。

接受采访的基层纪检监察干部表示，数字化技术应用在提升执纪监督效能的同时，更促动了执纪监督方式创新和治理理念升级，建议进一步打通数据壁垒，拓展应用场景，助力纪检监察工作高质量发展。

大数据“碰撞”磨砺反腐利器

记者了解到，郑某在省属国企多个重要岗位任职期间，利用职务便利在工程承揽、项目招投标、业务合作等领域疯狂牟利，并通过各种手段藏匿、转移赃款，对抗组织审查，串供并伪造证据。

“我们调取了银行账户交易明细、通信记录、不动产登记等多个部门的数据信息进行分析，发现其利用‘白手套’收受巨额贿赂，藏匿、转移赃款的证据事实。”办案人员告诉记者。

调查发现，郑某母亲虽已过世，但其名下的银行账户仍然活跃，有数十笔单笔超过50万元的资金往来。办案人员查询关联账户，梳理出40多名涉案人员名下的1100余个账户、40多万条交易明细，以及不动产登记、工商登记、审计报告、工程项目材料等3000余份，以此为基础查证出郑某受贿1.2亿余元的犯罪事实。

记者在福建多地采访了解到，纪检监察机关和金融、通信、税务、公安、法院、卫健等部门建立起数据信息快捷查询、共享渠道，探索搭建数据比对分析模型，在海量数据中敏锐捕捉疑似问题线索，然后进行重点核查，大幅提升了发现线索、调查取证能力。

2022年9月，福州鼓楼区纪委监委对网上办事平台上群众申诉举报线索进行筛查比对，发现1～9月涉及园林系统的诉求近300件，有关内部管理、干部作风问题的诉求指向明确。

比如有群众多次反映，福州温泉公园管理中心原主任杨某利用职权“吃拿卡要”，参与企业经营牟利，虚报侵占公园管养费用等。区纪委监委跟踪核查，发现群众反映问题基本属实。今年4月，区纪委监委对相关人员予以党纪政务立案。

鼓楼区纪检监察干部告诉记者，接待处置群众信访举报、听汇报、看台账、搞测评等传统查找问题线索方式，不同程度存在线索来源窄，以及问题发现难、调查取证难等现实问题。在办案实践中，需要推动分散在各个部门、各个时段的数据汇聚共享、碰撞分析，对某一领域、某个地区的政治生态精准“画像”。

龙岩市纪委常委、秘书长杨丹介绍，近年来，龙岩市纪委建立“制度＋科技”信息化监督平台，通过与政府办、税务、市场监管、文旅、石化等十多个部门信息共享，快速识别疑似“四风”问题389个，移交处置46条问题线索，多人受到党纪政务处分。

嵌入式监督紧盯权力运行

近年来，政务服务数字化建设持续推进，网上办事大厅、12345公共服务平台、政务微信公号等成为群众、企业办事、反映诉求主要渠道。权力运行“上网”成常态，执纪监督如何及时跟进，成为数字时代纪检监察工作面临的重要课题。

以12345公共服务平台为例，群众在线反映诉求，平台回复即可办结。但在个别地区，由于缺乏跟踪、督办、约束机制，“神回复”“线上空转”等情形影响了政府公信力。

记者调研发现，福建多地探索数字视域下执纪监督新路径，着力打造基层公权力全程线上运行、异常信息实时预警、群众诉求及时处置的基层数字化监督新场景。

在福州，鼓楼区将执纪监督“嵌入”网上办事平台，实时监督权力运行。2022年以来，鼓楼区在网上办事平台设置“党风政风监督”板块，纪检监察机关与城市运行指挥中心、行政服务中心等部门，建立起线上信息共享－线索移交－会商研判、线下实地走访的“3+1”协作配合工作机制，在线实时监督权力运行。

鼓楼区纪委副书记高建中介绍，“嵌入”网上办事平台后，纪检监察机关能够实时查看“鼓楼智脑”等平台上86个区直部门、10个镇街及市级水电气三大运营商、地铁等公用企业对群众反映问题诉求的处置情况。通过筛查分析，聚焦群众重复投诉、久拖未决以及政策不明、涉及多个部门等难点事项，形成“数据分析－及时预警－推动整改”的大数据日常监督模式。

2022 年底，福州鼓楼区东水路多家商户通过 12345 公共服务平台投诉称，区燃气管理站站长李某，利用安全检查的职务便利，多次向商户索要购物卡。12345 公共服务平台将投诉分别批转给福州华润燃气公司和区建设局，要求回复。区纪委通过平台数据筛查发现这一线索后，迅速跟进监督。经核查问题属实，李某被区建设局停职并调离岗位，区纪委对其立案调查。

泉州市探索构建大数据监督平台，实现基层小微权力内容、运行向公众公开，接受实时监督，增强监督的时效性、互动性、主动性。2022 年以来，为规范村级小微权力运行，泉州以“村村有群、户户入群”方式建立监督微信群，由村书记担任群主，村两委成员、驻村干部及乡镇纪委干部入群履职。

泉州市纪委党风政风监督室主任郭顺明介绍，市纪委监委协调督促相关职能部门梳理完善村级需公开的 3 方面 27 类事项，明确涉及村集体决策、村集体“三资”、村级工程项目、惠农资金申领发放等村务，均需推送到微信群里，确保群众能看到、看得懂。

“如村民对公示内容有异议，或发现问题线索想举报，既可以在群里发表意见，也可以通过微信小程序‘点对点’直接‘抵达’纪检监察部门后台。市县乡三级纪委根据权限分别跟进监督，对履职不到位问题发函督办，涉及不作为、慢作为、乱作为等问题深入核查，坚决追责。”郭顺明说。

该监督平台运行以来，已收到群众在线诉求反映 8 万多条，发现问题近 4000 个，一批不作为、乱作为的基层干部被查处。目前，该做法已在福建全省推广。

期待更多执纪监督应用

多地纪检监察干部告诉记者，数字化助力精准监督、调查取证，倒逼、督促基层权力运行规范，“治未病”预防腐败的作用更加显现。“通过大数据监督平台，基层权力行使全程留痕，实时接受监督、永久可追溯，不敢腐、不能腐、不想腐有了更多技术支撑。”连城县纪委书记邱阳说。

“大数据＋铁脚板”，线上线下联动，促动了执纪监督方式创新。高建中说，如今，鼓楼区纪委党风政风监督室、各镇街纪（工）委、派驻纪检监察组等部门工作人员，每天在监督平台上线，对数据进行拉网过筛、列项梳理，聚焦突出问题，有针对性地开展线下调查核实，以强有力的一线监督推动问题解决。

2022年以来，鼓楼区纪委监委通过数据共享、分析研判，筛查监督事项3.81万件，核查、督办、处置各类问题921件，以“四种形态”处置82件。

采访中，多地基层干部表示，执纪监督“上网”推动了部门、镇街、公用企业等作风转变，群众办事更加方便，诉求表达更加畅通。

长期以来，惠企资金申领发放是廉政风险较为集中的领域。由于涉及部门多、申领程序繁琐，有的部门个别经办人员通过暗箱操作优亲厚友，甚至出现权力寻租现象。

泉州台商投资区纪工委书记刘刚介绍，2020年以来，当地探索建立“亲清家园”智慧监督服务平台，从企业申领惠企资金手续繁琐甚至暗箱操作等“痛点”入手，建立全区涉企财税奖补和惠民资金集中统一入口机制，督促职能部门将各类惠企资金全部纳入平台。平台在线实时发布、动态更新信息，自动匹配、精准推送信息；企业全程线上申报；相关职能部门线上审批；纪检监察机关全程监督。

“现在，惠企政策内容和申报条件等信息全部在网上公示。我们只需在微信公号上提出惠企资金申报，全程网办，不见面、不找人。只要符合条件，一般 3 天之内资金就能到账。”玖龙纸业（泉州）有限公司总经理信刚告诉记者。

多地纪检监察干部表示，期待大数据执纪监督方式，在更多场景得到应用。记者了解到，一些基层纪检监察部门正在与大数据企业合作建立数据分析模型，通过自动分析比对海量信息，精准查找可疑问题线索，进行重点核查，在实践中取得了一定成效。

一些基层部门建议，对于各地已探索建立的行之有效的数据分析模型，可考虑在纪检监察系统内共享、推广，持续提升大数据反腐威慑力，为权力规范运行提供实时在线的精准监督。（《瞭望》新闻周刊记者郑良）

破解反腐败世界难题

◆ 九年多来，省部级以上的落马官员有约400人，平均每不到10天就有一只“老虎”被打

◆ 从脱贫攻坚到教育医疗，从养老社保到生态保护，人民群众关心的痛点在哪儿，正风反腐的焦点就在哪儿

◆ 大力开展海外“猎狐”，切断腐败分子后路，使反腐败斗争形成闭环，争取斗争成效最大化

◆ 党的十九大报告提出“坚持受贿行贿一起查”。十九届中央纪委五次全会工作报告指出，探索推行行贿人“黑名单”制度，严肃查处多次行贿、巨额行贿行为

◆ 当前，腐败和反腐败较量仍在激烈进行，并呈现出一些新的阶段性特征。防范形形色色的利益集团成伙作势、“围猎”腐蚀还任重道远，有效应对腐败手段隐形变异、翻新升级还任重道远，彻底铲除腐败滋生土壤、实现海晏河清还任重道远，清理系统性腐败、化解风险隐患还任重道远

腐败是最易颠覆政权的问题。如何预防腐败，如何发现和查处腐败，如何铲除滋生腐败的温床，是世界各国面临的共同难题。

党的十八大以来，中国共产党开启了一场令全世界为之惊叹的自我革命攻坚战、持久战。

以习近平同志为核心的党中央，以雷霆之势惩治腐败，坚持无禁

区、全覆盖、零容忍，坚持重遏制、强高压、常震慑，坚持行贿受贿一起查，坚持有案必查、有腐必惩，坚决消除腐败这个最大危险，反腐败斗争取得了压倒性胜利并全面巩固。党对反腐败斗争规律的认识和把握不断提升，成功走出一条依靠制度优势、法治优势的反腐败之路，书写了人类反腐败斗争历史新篇章。

九年多来，我们党坚持聚焦政治问题和经济问题交织的腐败案件，严厉惩治、形成震慑。“打虎”“拍蝇”“猎狐”不停步，重拳出击涉黑涉恶腐败，对涉煤贪腐“倒查20年”，让人民群众看到了我们党“刀刃向内、自剜腐肉”的反腐败坚定意志；

坚持以人民为中心，深入整治群众身边腐败和作风问题。一批损害老百姓切身利益的“小官大贪”“蝇贪蚁腐”受到惩治，人民群众对反腐败斗争的满意度大幅提高，获得感显著增强；

坚持强化政治监督，巡视成为加强党内监督的战略性制度安排和全面从严治党的有力抓手，利剑高悬使腐败分子心惊胆战，“拔出萝卜带出泥”，一批腐败问题线索由此被挖出；

坚持纪严于法、执纪执法贯通，监督执纪有效衔接司法，加快推进反腐败国家立法，大幅提高反腐败法律的系统性、整体性和协调性，反腐败工作的法治化规范化水平明显提升；

坚持全面加强党对反腐败工作的集中统一领导，改革完善党和国家监督体系，整合分散的反腐败力量，实现对行使公权力的公职人员监督全覆盖，中国特色社会主义监督制度逐步成熟定型；

坚持一体推进不敢腐、不能腐、不想腐，打通三者内在联系，有效处置化解存量、强化监督遏制增量、提高觉悟源头治理，标本兼治综合效应日益凸显。主动投案人数大幅增长。2021 年，有 3.8 万人向纪检监察机关主动投案，有 10.4 万人向纪检监察机关主动交代问题。

全面从严治党，是中国之治的特殊优势。

纵观当今世界，没有其他哪个政党、哪个国家能够像中国这样大规模、大力度、坚持不懈惩治腐败。世界上最大的政党，在世界上人口最多的国家开展腐败治理，走出一条中国特色反腐败之路，不仅令中国受益，也为反腐败国际治理贡献了中国经验。

回望来路，丰硕成果令人振奋；展望未来，前路并非一片坦途。

当前，腐败和反腐败较量仍在激烈进行，并呈现出一些新的阶段性特征。防范形形色色的利益集团成伙作势、“围猎”腐蚀还任重道远，有效应对腐败手段隐形变异、翻新升级还任重道远，彻底铲除腐败滋生土壤、实现海晏河清还任重道远，清理系统性腐败、化解风险隐患还任重道远。

今年全国两会期间，习近平总书记首次用五个“必由之路”深刻阐明了新时代党和人民的奋进历程昭示的重要认识。其中，“全面从严治党是党永葆生机活力、走好新的赶考之路的必由之路”发人深省，为继续推进新时代党的建设新的伟大工程指明了前进方向。

“反腐败永远在路上。”迈上第二个百年奋斗目标新征程，要增强反腐败政治定力，驰而不息正风肃纪、反腐惩恶，对在党内搞政治团伙、小圈子、利益集团的人毫不手软；着力查处资本无序扩张、平台垄断等背后腐败行为；严格财经纪律，促进防范和化解地方政府隐性债务风险；坚决查处基础设施建设、公共资源交易等方面腐败问题。发挥纪检监察机关专责作用，形成统筹贯通、常态长效的监督合力，不断增强发现问题、纠正问题、促进治理的功能。

面向第二个百年奋斗目标新征程，只要我们继续勇于自我革命，不断清除一切损害党的先进性和纯洁性的有害因素，不断清除一切侵蚀党的健康肌体的病原体，就一定能够确保党不变质、不变色、不变味，一定能够把革命先烈流血牺牲打下的红色江山守护好、建设好，一定能够创造不负革命先辈期望、无愧于历史和人民的新时代伟业。（《瞭望》新闻周刊记者杨琳）

雷霆之势反腐惩恶

◆九年多来，省部级以上的落马官员有约400人，平均每不到10天就有一只“老虎”被打

◆从脱贫攻坚到教育医疗，从养老社保到生态保护，人民群众关心的痛点在哪儿，正风反腐的焦点就在哪儿

◆大力开展海外“猎狐”，切断腐败分子后路，使反腐败斗争形成闭环，争取斗争成效最大化

据中央纪委国家监委网站通报，2022年1月8日～3月12日两个多月时间内，先后有12只“老虎”（专指省部级以上干部）被查。1月3日～3月16日，至少有68名省管干部接受审查调查；仅2月25日一天内，就有8名省管干部接受审查调查。

2022年开年，反腐力度不减、打击节奏不变。这昭示着，反腐从严的主基调必将始终如一、长期坚持。

2022年3月5日下午，习近平总书记在参加他所在的十三届全国人大五次会议内蒙古代表团审议时特别强调，要始终保持反腐败永远在路上的清醒和坚定，坚持不敢腐、不能腐、不想腐一体推进，坚决割除毒瘤、清除毒源、肃清流毒。

党的十八大以来，以习近平同志为核心的党中央以强烈的历史责任感、深沉的使命忧患意识和顽强的意志品质，大力推进党风廉政建设和反腐败斗争，推动全面从严治党取得历史性成就、发生历史性变革。

国家统计局数据显示，党的十八大前，人民群众对党风廉政建设和反腐败工作的满意度是75%。这一数字在十八大之后连年走高，分别为：2013年81%，2014年88.4%，2015年91.5%，2016年92.9%。2020年，人民群众对反腐败工作满意率高达95.8%。

无禁区、全覆盖、零容忍，这是反腐败力度空前的时期，必将在历史上留下浓墨重彩的一笔。

根据十八届中央纪委工作报告，从党的十八大至党的十九大5年间，经党中央批准立案审查的省军级以上党员干部及其他中管干部440人。其中，十八届中央委员、候补中央委员43人，中央纪委委员9人。全国纪检监察机关立案154.5万件，处分153.7万人，其中厅局级干部8900余人，县处级干部6.3万人，涉嫌犯罪被移送司法机关处理5.8万人。全国纪检监察机关共处分村党支部书记、村委会主任27.8万人。

党的十九大以来，全面从严治党向纵深推进。从历年全国纪检监察机关监督检查审查调查“年报”看，每年的立案数都超过50万件，每年的处分人数都超过了50万人。

“打虎”无禁区，“拍蝇”零容忍，“猎狐”撒天网。九年多来，经过坚决斗争，反腐败斗争取得压倒性胜利并全面巩固，进入了始终保持零容忍的震慑，有腐必反、有贪必肃、发现一起查处一起的常态化阶段，形成了惩恶扬善、纠治并举的良性循环。

没人能当“铁帽子王”

一盒“小海鲜”里，装着30万美元。

这是正风肃纪反腐电视专题片《零容忍》披露的曾任辽宁省公安厅副厅长、大连市公安局局长的王立科，每年四五次进京给公安部原副部长孙力军送钱的手段。案发时，孙力军、王立科收受财物达数亿元，孙力军利益集团中的其他人所涉赃款也有几千万到1亿多元不等。

这是党的十八大后严重违反党的政治纪律的典型，也是党的十九大以来查处的最严重腐败案件之一。

党的十八大以后，力度空前的反腐败斗争拉开序幕，反腐冲锋号响亮密集。

据统计，九年多来，省部级以上的落马官员有约 400 人，平均每不到 10 天就有一只“老虎”被打。落马“大老虎”中，有 6 名副国级干部，更有 1 名正国级干部。反腐风暴持续推进，一次次刷新了外界对于中国共产党坚决铲除腐败决心的认知，更警示着心存侥幸的干部：腐败面前，任何人都没有免罪的“丹书铁券”，没人能当“铁帽子王”！

2020 年 11 月 20 日，黑龙江省 22 家法院对 38 件黑恶势力和“保护伞”案件集中宣判，涉案的 227 名被告人被判处刑罚，最高被判处无期徒刑。这是在黑龙江省牡丹江市中级人民法院拍摄的宣判现场　　摄影 /《瞭望》

“党的十八大以来，以习近平同志为核心的党中央以极大的政治勇气和历史担当，坚持反腐败无禁区、全覆盖、零容忍，坚持重遏制、强高压、长震慑，坚持受贿行贿一起查，既对增量腐败坚决零容忍，也对存量腐败零容忍。”中国社会科学院中国廉政研究中心秘书长、研究员蒋来用说。

诸多案件查办一再宣示着惩治腐败的决心意志。2020年，内蒙古开展煤炭资源领域违规违法问题专项整治，明确“倒查20年”！数据显示，这一年全自治区共立涉煤腐败案件599件、869人，给予党纪政务处分503人，组织处理687人，移送司法机关78人。

九年多来，全面从严治党以雷霆万钧之势破除了“退休等于平安着陆”等所谓“潜规则”。“如果说全面从严治党的铿锵步伐中有什么规律可循，那就是——不论是谁，不论处于什么岗位，不论违纪违法问题发生于何时，只要触碰了纪法底线，就注定躲不过全面从严治党的利剑锋芒。”北京大学廉政建设研究中心副主任庄德水说。

“蝇贪”“蚁腐”露头就打

“没想到被贪污的钱还能回到我们手上！”拿着交还到手里的林补钱，四川省达州市渠县金马村村民邓小刚感慨地说。

2020年8月，县纪委监委的工作人员将金马村原村委会主任侵占的7000元公益林补偿资金清退给35户村民。

金额不大危害不小，“微腐败”也可成为“大祸害”。党的十八大以来，一批基层腐败案件被查处曝光，人们看到了党坚持“老虎”“苍蝇”一起打的决心。从脱贫攻坚到教育医疗，从养老社保到生态保护，人民群众关心的痛点在哪儿，正风反腐的焦点就在哪儿。

脱贫攻坚，事关人民群众切身利益。截留私吞、优亲厚友……一批扶贫领域的腐败和作风问题在强大的监督执纪问责力度下被坚决查处，2017年4.87万件，2018年13.1万件，2019年8.5万件，2020年6.5万件……正风肃纪反腐为打赢脱贫攻坚战全程护航。

扫黑除恶，关乎人民群众的安全感。云南孙小果案、湖南新晃“操场埋尸案”、黑龙江呼兰“四大家族”涉黑案、海南昌江黄鸿发家族涉黑案……2018年以来，全国共立案查处涉黑涉恶腐败和“保护伞”案件89742件，立案处理115913人，党纪政务处分80649人，移送司法机关10342人。

反“四风”，让人民群众感受到党风政风带动社会风气明显改善。整治“会所里的歪风”，刹住“车轮上的腐败”，清理超标办公用房、公款吃喝、公款旅游，持续整治形式主义官僚主义，为基层减负……党的十八大以来，持续加大的“四风”查处和通报曝光力度，使中央八项规定精神的铁规矩、硬杠杠持续生威见效。

“嗡嗡作响的‘苍蝇’不去管，将严重侵蚀干群关系，动摇党的执政根基。党的十八大以来，不论是谁，只要突破廉洁底线，触碰纪律法律红线，都必须面对党纪国法的惩处。”庄德水说。

正风肃纪反腐败，事关民心所向。蒋来用说，推动全面从严治党向纵深发展，要求既坚决查处不收敛不收手的领导干部，也要坚决整治群众身边的“蝇贪”“蚁腐”，让人民群众感受到全面从严治党就在身边、正风肃纪反腐就在身边、纪检监察就在身边，不断厚植党执政的政治基础和群众基础。

“猎狐”“天网”长织不懈

2021年底，潜逃境外20年的“百名红通人员”程三昌贪污案公开开庭审理。外逃前，程三昌历任河南省漯河市委书记、豫港（集团）有限公司董事长等职，2001年2月逃往国外。

国家监察体制改革后，该案由河南省郑州市监委办理。2020年8月，郑州市监委将该案移送检察机关审查起诉。之后检察机关提起公诉，提请适用缺席审判程序，以贪污罪追究程三昌刑事责任。2022年1月17日，河南省郑州市中级人民法院公开宣判，对被告人程三昌以贪污罪判处有期徒刑十二年，并处罚金人民币五十万元；追缴程三昌贪污犯罪所得依法予以返还。目前，对程三昌的追逃行动仍在继续。

作为我国首起适用刑事缺席审判程序审理的外逃被告人贪污案，程三昌案成为党的十九大以来追逃追赃和法治建设的标志性案件。

有逃必追，一追到底。

党的十八大以来，党中央将反腐败国际追逃追赃工作提升到国家政治和外交层面，纳入反腐败工作总体部署，开辟了反腐败斗争的新战场。

从主导亚太经合组织通过《北京反腐败宣言》，到G20杭州峰会发布《二十国集团反腐败追逃追赃高级原则》、成立G20反腐败追逃追赃研究中心，再到联合有关国家、国际组织以及工商学术界代表共同发起《廉洁丝绸之路北京倡议》；从启动“天网”行动，到发布敦促职务犯罪案件境外在逃人员投案自首的公告……近年来，我国反腐败国际追逃追赃工作不止步、不松劲。

2014年启动“天网”行动，集中公开曝光涉嫌贪腐外逃的“百名红通人员”名单，开展海外“猎狐”行动，引渡、遣返、异地追诉、劝返多管齐下，追逃追赃捷报频传。2014年~2021年5月底，我国已从120个国家和地区追回外逃人员9165人，其中党员和国家工作人员2408人，追回赃款217.39亿元，“百名红通人员”中有60名归案。

“‘天网’越织越密，腐败分子外逃之路愈走愈窄，越来越多的外逃人员归案，反腐败国际追逃追赃的震慑效应不断显现。”中央纪委研究室原主任、中国纪检监察学院客座教授李学勤说。

“海外‘猎狐’是国内‘打虎’‘拍蝇’逻辑上的必然延伸，构成反腐败斗争的两个领域。两者相互交织、相互影响。”庄德水说，实践证明，国内“打虎”“拍蝇”为海外“猎狐”创造了有利环境和条件，有助于扩大追逃追赃战果。而大力开展海外“猎狐”，切断腐败分子后路，使反腐败斗争形成闭环，必然会对已经逃往境外以及准备外逃的人员形成强大震慑，有助于反腐败斗争成效最大化。

行贿是腐败行为的重要诱因，是当前腐败增量发生的重要原因。

党的十九大报告提出“坚持受贿行贿一起查”。十九届中央纪委五次全会工作报告指出，探索推行行贿人“黑名单”制度，严肃查处多次行贿、巨额行贿行为。2021 年，纪检监察机关准确把握和有效执行“受贿行贿一起查”，精准施治形成有力震慑，持续保持反腐败高压态势，斩断“围猎”之手。

九年多来的反腐败力度和成效，形成了极大震慑。十九届中央纪委六次全会工作报告指出，在强大的震慑和政策感召下，2021 年全国有 3.8 万人向纪检监察机关主动投案，10.4 万人主动交代问题。

受访专家一致认为，党的十八大以来，从“腐败和反腐败两军对垒，呈胶着状态”，到“反腐败斗争压倒性态势正在形成”；从“压倒性态势已经形成”，到“反腐败斗争取得压倒性胜利并全面巩固”，以习近平同志为核心的党中央带领全党全军全国各族人民书写了新时代反腐败斗争新篇章。

反腐败，只有进行时，没有完成时。

当前，腐败和反腐败较量还在激烈进行，并呈现出一些新的阶段性特征。十九届中央纪委六次全会对推动全面从严治党向纵深发展进行了周密部署，结合当前全面从严治党的形势与任务提出了一系列新论断、新方向、新要求，为继续打好党风廉政建设和反腐败斗争攻坚战、持久战提供了方向指引。我们要始终保持反腐败政治定力，时刻保持清醒头脑，永远吹冲锋号，牢记“反腐败永远在路上”。（《瞭望》新闻周刊记者张程程）

第三章

反腐没有休止符

扫一扫，观看

《时刻保持解决大党独有难题的清醒和坚定，把党的伟大自我革命进行到底》

百年大党破解“大的难处”

◆一个大党，管党治党之难，主要难在统一思想、难在集中统一、难在维护团结、难在纯洁组织、难在管理队伍、难在永葆先进、难在自我革命

◆关注和思考“大的难处”，体现了我们这个百年大党深切的忧患意识。这是一种可贵的政治上的清醒

◆破解“大的难处”，就是要提高党的向心力、凝聚力，维护和巩固党的团结统一，推动全党进一步统一思想、统一意志、统一行动，在党的旗帜下团结成“一块坚硬的钢铁”，步调一致向前进

◆要坚持以党的政治建设为统领，统筹推进党的各方面建设，落实全面从严治党要求，着力避免信念涣散、组织涣散、纪律涣散、作风涣散

历经百年风雨，中国共产党从小到大、由弱到强，从建党之初一个只有 50 多名党员、几个党组织的小党，发展成为今天已拥有 9500 多万名党员、480 多万个基层组织、在 14 亿多人口的大国长期执政的大党。

党员总量和党组织数量的大幅增长，一方面，壮大充实了党的力量，更多的新鲜血液加入党的队伍，彰显出党的强大生机与活力，展现出党的事业兴旺发达、欣欣向荣的蓬勃气象；另一方面，也使得管党治党的任务比以往任何时候都更加艰巨繁重。

习近平总书记指出："我们党是世界上最大的政党，大就要有大的样子，同时大也有大的难处。""大的样子"，不仅在于党员人数和组织体系的超大规模，更在于格局之大、理想之大、责任之大。树立"大的样子"，就是要从大处着眼，坚守初心使命，始终以最高标准、最严要求推进党的建设，在为中国人民谋幸福、为中华民族谋复兴的恢宏实践中发挥好领导核心作用。破解"大的难处"，就是要从难处着力，聚焦问题短板，不断提高党的建设质量，把我们这个世界上最大的马克思主义执政党建设得更加坚强有力。如何破解"大的难处"，是我们这个百年大党在破解"历史周期率"难题之外需要着力解决的又一大难题。

"大的难处"难在哪里

"大的难处"，是指一个大党由于党员数量多、组织规模大所带来的在管党治党方面不同于规模较小政党的特殊困难。就我们党而言，这种难处主要表现在以下方面。

难在统一思想。社会多样化发展使人们思想多元化、复杂性的特征越来越明显，这必然增加党内统一思想的难度。我们党是一个大党，统一思想历来不易。

难在集中统一。一个队伍经常是不大整齐的，做到思想上政治上行动上看齐不容易。确保全党在共同思想理论基础上的高度集中统一尤其不易。需要警惕的是，一些地方组织纪律松弛、组织涣散。特别是搞团团伙伙、拉帮结派，搞自行其是、阳奉阴违等"七个有之"问题，严重破坏党的集中统一。

难在维护团结。党内存在大量思想问题和利益矛盾，某些矛盾涉及党员、干部多，同其他社会矛盾错综交织，协调处理难度很大。特别是个人主义、分散主义、自由主义、本位主义、好人主义和宗派主义、圈子文化、码头文化等现象的存在，更加大了维护团结的难度。

难在纯洁组织。党员队伍中存在松散涣散、名不副实的情况，一些动机不纯、一心想借入党捞好处的人进入党内，一些党员不像党员、不在组织、不起作用，有的搞两面派、做“两面人”，还有的党员腐化变质，给党造成隐患，保持党员、干部队伍的纯洁不容易。

难在管理队伍。我们的党员、干部队伍庞大，管理起来难度很大，但又必须管好，管不好就会出乱子。尽管每位党员都编入一个党组织进行管理，也有严明的组织纪律规定，但就全党来说，一些党组织软弱涣散，一些党员、干部难以受到监督，队伍管理缺位、不到位情况不是个别。同时，党的组织层级多、管理链条长，也对加强管理提出了挑战。

难在永葆先进。当前，党的基层组织分布在各个领域，党员队伍发生结构性变化，年轻党员持续增加，35 岁及以下党员占比接近 1/4，党员的职业类型多样化。如何充分发挥基层党组织战斗堡垒作用和党员先锋模范作用，特别是如何建立健全保持共产党员先进性的长效机制，是党的自身建设必须解决好的一个重大问题。

难在自我革命。这么大一个党，处在执政地位、掌控执政资源，很容易在执政业绩光环的照耀下，出现忽略自身不足、忽视自身问题的现象，陷入“革别人命容易，革自己命难”的境地。

正如习近平总书记所指出的，把这么大的一个党管好很不容易，把这么大的一个党建设成为坚强的马克思主义执政党更不容易。

百年大党的政治清醒

关注和思考“大的难处”，体现了我们这个百年大党深切的忧患意识。历史的经验教训证明，一个政党并不是越大就越强。一个大党，如果骄傲自满、忽视自身存在的隐患和问题，如果不能采取有效措施消除隐患、解决问题，就容易陷入危险的境地。

习近平总书记曾多次谈到苏共亡党的教训，追问“苏共早年在有二十万党员时能够夺取政权，在有二百万党员时能够打败法西斯侵略者，而在有近二千万党员时却丢失了政权、丢失了自己，这是为什么？”他在不同场合对其原因进行了分析，这些原因包括意识形态领域斗争激烈、历史虚无主义搞乱思想、思想混乱演变到组织混乱、理想信念荡然无存、政治纪律被动摇、党内政治生活出了大问题、放弃党对军队的领导、没有解决好腐败泛滥问题、脱离人民成为特权官僚集团，等等。苏共垮台、苏联解体使世界社会主义遭受严重曲折，教训十分深刻。

中国共产党善于从历史的经验教训中汲取智慧，勇于面对自身存在的问题和不足，在百年来的生死斗争和艰苦奋斗中经受住了各种风险考验，在不断发展壮大中保持了党的先进性和纯洁性。

党的十八大以来，面对“大就要有大的样子”的管党治党要求、“大也有大的难处”的问题挑战，面对党内存在的令人忧心忡忡的突出问题，以习近平同志为核心的党中央以自我革命精神推进全面从严治党，不断提高党的建设质量，使我们党在革命性锻造中更加坚强。在这个过程中，也取得了把一个大党管好建好的宝贵经验。

同时，我们党清醒地认识到，党面临的“四大考验”是长期的、复杂的，党面临的“四种危险”是尖锐的、严峻的，党内存在的思想不纯、政治不纯、组织不纯、作风不纯等突出问题尚未得到根本解决，信念涣散、组织涣散、纪律涣散、作风涣散等偏向不同程度存在，全面从严治党远未到大功告成的时候。

2021 年 6 月 25 日，迎接建党百年前夕，在十九届中央政治局第三十一次集体学习时，习近平总书记回顾了毛泽东同志在党的七大预备会议上说的话：“我们中国《庄子》上有句话说：‘其作始也简，其将毕也必巨。’现在我们还没有‘毕’，已经很大。”他指出，今天，我们党更大了，党的队伍更大了，党的事业更大了，我们肩负的责任也更大了，人民对党的要求也更大了、更高了、更严了。

2021 年 11 月 11 日，在党的十九届六中全会第二次全体会议上，习近平总书记再次谈及党的规模大的问题。他说：“我们党历史这么长、规模这么大、执政这么久，如何跳出治乱兴衰的历史周期率？”他强调，我们党历经百年、成就辉煌，党内党外、国内国外赞扬声很多。越是这样越要发扬自我革命精神，千万不能在一片喝彩声中迷失自我。他告诫全党，我们要居安思危，时刻警惕我们这个百年大党会不会变得老态龙钟、疾病缠身。

这些都表明，我们党对自身状况、对党所处的历史方位和肩负的历史使命等有着十分清醒的认识。这是一种可贵的政治上的清醒。

2021 年 1 月 28 日，参观者在遵义会议纪念馆内听讲解　欧东衢摄 /《瞭望》

我们党作为世界第一大党，没有什么外力能够打倒我们，能够打倒我们的只有我们自己。前途命运都掌握在自己手上。只有保持“愈大愈惧，愈强愈恐”的态度，毫不松懈管党治党，才能有效破解大的难处，发挥大的优势，真正把我们这个世界上最大的政党建设成为世界上最强大的政党。

“大的难处”如何破解

破解“大的难处”，就是要提高党的向心力、凝聚力，维护和巩固党的团结统一，推动全党进一步统一思想、统一意志、统一行动，在党的旗帜下团结成“一块坚硬的钢铁”，步调一致向前进。

“大的难处”表现在方方面面，破解“大的难处”也需要多管齐下。要坚持以党的政治建设为统领，统筹推进党的各方面建设，落实全面从严治党要求，着力避免信念涣散、组织涣散、纪律涣散、作风涣散。

以政治上的集中统一破解“大的难处”。保证党的团结和集中统一是党的生命，也是我们党能成为百年大党、创造世纪伟业的关键所在。我们这么大一个党，没有集中统一，没有党中央坚强领导，没有强有力的中央权威，是不可想象的。2017 年 6 月，在省部级主要领导干部学习贯彻党的十八届六中全会精神专题研讨班开班式上，习近平总书记指出：“如果党中央没有权威，党的理论和路线方针政策可以随意不执行，大家各自为政、各行其是，想干什么就干什么，想不干什么就不干什么，党就会变成一盘散沙，就会成为自行其是的‘私人俱乐部’，党的领导就会成为一句空话。”保证全党服从中央，坚持党中央权威和集中统一领导，是党的政治建设的首要任务，也是破解“大的难处”的根本所在。只有党中央有权威，才能把全党牢固凝聚起来。

以坚强的核心和科学的指导思想破解“大的难处”。一个大党，领导核心至关重要。邓小平同志指出：“任何一个领导集体都要有一个核心，没有核心的领导是靠不住的。”党确立习近平同志党中央的核心、全党的核心地位，对于维护全党政治上的团结统一至关重要。维护党中央权威和集中统一领导，首先要维护习近平总书记核心地位。指导思想是一个政党的精神旗帜，高擎思想旗帜，全党才知所趋赴。

党确立习近平新时代中国特色社会主义思想的指导地位，对于维护全党思想上的统一至关重要。坚持马克思主义的根本指导思想，最重要的是用习近平新时代中国特色社会主义思想武装头脑、指导实践、推动工作。全党必须深刻领会“两个确立”的决定性意义，增强“四个意识”、坚定“四个自信”、做到“两个维护”，紧密团结在以习近平同志为核心的党中央周围，确保全党思想一致、行动一致、步调一致。

以坚定的理想信念破解“大的难处”。马克思主义政党不是因利益而结成的政党，而是以共同的理想信念而组织起来的政党，理想信念是共产党人的政治灵魂。全党理想信念坚定，党就拥有无比强大力量；全党理想信念淡薄，党就会成为乌合之众，风一吹就散。世界社会主义实践的曲折历程告诉我们，马克思主义政党一旦放弃马克思主义信仰、社会主义和共产主义信念，就会土崩瓦解。破解“大的难处”，必须把思想建设作为党的基础性建设牢牢抓在手里，强化理论武装，坚定理想信念，以思想建设为百年大党铸魂。要教育引导全党同志不忘初心、牢记使命，自觉做共产主义远大理想和中国特色社会主义共同理想的坚定信仰者和忠实实践者。要重视学习党的历史，从党的伟大成就中感受荣光，从党的历史经验中汲取智慧，从党的伟大精神中吸收力量，传承红色基因，坚定历史自信，建设全体党员共同的精神家园。

以严密的组织体系破解“大的难处”。党的力量来自组织，体现在严密的组织体系和强大的组织能力上。不组织起来，人再多也没用。习近平总书记指出：“一个松松垮垮、稀稀拉拉的组织是不能干事、也干不成事的。如果党组织像个大车店、大卖场一样，想来就来，想走就走，那还能有什么核心力量？”列宁说过，无产阶级“所以能够成为而且必然会成为不可战胜的力量，就是因为它根据马克思主义原则形成的思想一致是用组织的物质统一来巩固的”。我们党建立了包括党的中央组织、地方组织、基层组织在内的严密组织体系，这是世界上任何其他政党都不具有的强大优势。在党的队伍和自身状况发生重大而深刻变化的情况下，破解“大的难处”，必须着力抓好党的组织体系建设，增强党组织的政治功能和组织功能。要针对不同层级党组织具体情况，着力解决“灯下黑”“中梗阻”“最后一公里”等突出问题。要扎实做好抓基层打基础工作，着力解决一些基层党组织虚化、弱化、边缘化问题，整顿软弱涣散基层党组织。只有党的各级组织都健全、都过硬，形成上下贯通、执行有力的严密组织体系，党的领导才能“如身使臂，如臂使指”。

以严明的纪律破解“大的难处”。党的团结统一靠什么来保证？要靠共同的理想信念，靠严密的组织体系，靠全党同志的高度自觉，还要靠严明的纪律和规矩。毛泽东同志说，路线是“王道”，纪律是“霸道”，这两者都不可少。如果不严明党的纪律，党的凝聚力和战斗力就会大大削弱。“纪纲一废，何事不生？”如果党的纪律涣散，如果党的章程、原则、制度、部署丧失了严肃性和权威性，党就会沦为各取所需、自行其是的“私人俱乐部”。破解“大的难处”，必须抓好严明纪律这个关键。其中首要的是严明党的政治纪律和政治规矩，决不允许各行其是、各自为政，决不允许有令不行、有禁不止，决不允许搞上有政策、下有对策，坚决防止“七个有之”，坚决清除党内的野心家、“两面人”。要严明组织纪律，强化组织观念、组织程序，增强组织纪律性。要带动廉洁纪律、群众纪律、工作纪律、生活纪律全面严起来，把纪律挺在前面，让全体党员干部习惯在纪律的约束下工作，使全党成为一支纪律严明的队伍。

以良好作风和政治生态破解“大的难处”。对一个政党来说，风气不是小事，风气关乎政治生态，关乎政治氛围和政治环境。由于从众心理的作用，这种风气和政治生态会影响到党内的绝大多数。政治生态好，人心就顺、正气就足；政治生态不好，就会人心涣散、弊病丛生。党的十八大之前一个时期，一些地方和单位作风涣散，正气不彰、邪气不祛，“明规矩”名存实亡，“潜规则”大行其道，政治生态严重恶化，涣散了人心、带坏了社会风气，对党的形象和党的团结造成严重伤害。党的十八大以来，我们党持续改进工作作风，就是要净化政治生态，营造良好的政治环境。破解“大的难处”，必须以永远在路上的坚韧和执着，扭住作风建设不放松，扶正祛邪、激浊扬清，让党内风清气正。要大力整治选人用人上的不正之风，使用人风气更加清朗，坚决纠正“劣币驱逐良币”的逆淘汰现象。要发展积极健康的党内政治文化，大力倡导清清爽爽的同志关系、规规矩矩的上下级关系，坚决防止和反对宗派主义、圈子文化、码头文化。严肃认真的党内政治生活是解决党内矛盾和问题的“金钥匙”，是广大党员、干部锤炼党性的“大熔炉”，是纯洁党风的“净化器”。党内生活松一寸，党员队伍就散一尺。要严肃党内政治生活，使党员干部在党内生活的“大熔炉”中百炼成钢，把我们党锻造成“一块整钢”。

以严格的制度执行破解“大的难处”。没有规矩，不成方圆。一段时期以来党内存在的许多问题，与党内法规制度体系不健全有关。经过党的十八大以来的持续努力，现在已经形成了比较健全的党内法规制度体系，在党的建设各领域各方面总体上都已做到有章可循、有规可依，今后要着力解决有规不依、执行不严等问题。管好一个大党，必须坚决防止出现“破窗效应”。如果打碎一块玻璃没人管，最后所有玻璃都会被打碎，因为打了不受惩罚。出现一处问题管不住，其他类似的问题就不好管了，久而久之，制度就会失去信用、丧失权威，成为“无牙的老虎”或“稻草人”。破解“大的难处”，必须严格制度执行，要坚持制度面前人人平等、执行制度没有例外，不留“暗门”、不开“天窗”，坚决维护制度的严肃性和权威性。

以坚决反腐破解“大的难处”。一棵参天大树，如任蛀虫繁衍啃咬，最终必会逐渐枯萎。一个人，如果任体内的癌细胞蔓延扩散，最终必然会危及生命。对一个大党来说，腐败就是毒瘤，对党的杀伤力最大，是党面临的最大威胁。我们党作为百年大党，要永葆先进性和纯洁性、永葆生机活力，必须一刻不停推进党风廉政建设和反腐败斗争。要始终保持对“腐蚀”“围猎”的警觉，坚决防止党内形成利益集团，坚决防范各种利益集团“围猎”和绑架领导干部。要勇于刮骨疗毒、去腐生肌，及时把那些丧失党员条件、道德败坏、蜕化变质的分子清除出党。要持续保持高压态势，坚持无禁区、全覆盖、零容忍，让腐败分子在党内没有藏身之地。要一体推进不敢腐、不能腐、不想腐，炼就百毒不侵的“金刚不坏之身”。

2021 年 6 月 30 日，浙江嘉兴，参观南湖革命纪念馆的党员重温入党誓词　江汉摄 /《瞭望》

处理好大党治理的几对关系

把我们的党建设得更加坚强有力，要处理好这样几对关系。

一是伟大事业与伟大工程的关系。推进伟大工程，要结合伟大斗争、伟大事业、伟大梦想的实践来进行。要以伟大梦想、伟大事业引领伟大工程。只有党的事业兴旺发达，党才更有凝聚力，才有更为坚实的群众基础，才能在伟大斗争中不断发展壮大。党的建设要紧紧围绕党的历史使命和奋斗目标，围绕党的政治路线来加强，确保党在坚持和发展中国特色社会主义的历史进程中始终成为坚强领导核心。从微观层面说，就是党建工作要为中心工作服务，促进党建与业务深度融合，不搞“两张皮”。

二是党组织作用与党员作用的关系。全面从严治党，既要营造“大气候”来影响“小气候”，也要通过营造“小气候”来形成“大气候”。这就需要全党从上到下共同努力，各级党组织和全体党员都要强化责任意识。各级党委（党组）要树立正确政绩观，坚持从巩固党的执政地位的大局看问题，把抓好党建作为最大的政绩，切实履行好全面从严治党主体责任，切实纠正党的领导弱化、党的建设缺失、管党治党宽松软问题。党支部要切实担负起直接教育党员、管理党员、监督党员的职责，发挥好战斗堡垒作用。同时，要尊重党员主体地位，发扬党内民主、保障党员权利。广大党员要增强党性意识和政治担当，在党言党、在党忧党、在党为党，把爱党、忧党、兴党、护党落实到工作生活各个环节，以实际行动增强党组织的创造力、凝聚力、战斗力。这其中的关键是用好民主集中制。

三是党员数量与党员质量的关系。马克思主义政党的力量和作用，既取决于党员数量，更取决于党员质量。对我们这样一个长期执政的党来说，数量应该没什么大问题，难的主要是提高质量。要严把发展党员入口关，把政治标准放在首位，不断提高党员发展质量。同时，也不能因为强调质量就忽视发展党员的工作。必须从抓好后继有人这个根本大计出发，不断为党输入新鲜血液，加强党员教育管理，培养造就党的事业合格接班人。

四是“绝大多数”与“关键少数”的关系。提高党的建设实效，要坚持抓“关键少数”和管“绝大多数”相统一。党的十八大以来，全面从严治党一个显著特点是既对广大党员提出普遍性要求，用严格教育、严明纪律管住大多数，同时又对“关键少数”特别是高级干部、“一把手”、县委书记等群体提出更高更严的标准，进行更严的管理和监督。领导干部是党的执政骨干，只有管住“关键少数”，全面从严治党才有震慑力和说服力；广大党员是党的队伍的主体，管住这个“绝大多数”，全面从严治党才能保持良好氛围和环境。要坚持以上率下，从高级干部严起；要层层传导压力，推动全面从严治党向基层延伸，以严的要求管全党、治全党，使党永葆先锋队的政治本色。（中共中央党史和文献研究院胡昌勇，刊于《瞭望》）

思想“铸魂”破解“大的难处”

2021 年 7 月 1 日上午，庆祝中国共产党成立 100 周年大会在北京天安门广场隆重举行　刘金海摄 /《瞭望》

◆关注和思考“大的难处”，体现了以习近平同志为核心的党中央深切的忧患意识

◆破解“大的难处”需要多管齐下。其中起基础性作用的，是要以思想“铸魂”，确保全党在共同思想理论基础上的高度集中统一

◆思想上同党中央保持高度一致，是政治上、行动上同党中央保

持高度一致的基础和前提

◆加强理论武装，最重要的是用党的创新理论武装头脑、凝心聚魂，把习近平新时代中国特色社会主义思想作为主心骨、定盘星、度量衡

一百年来，我们党历经革命、建设和改革，一路发展壮大，从一个只有50多名党员的小党，发展成为世界上党员数量最多的政党。党员数量的大幅度增长，壮大和充实了党的力量，是我们党兴旺发达、富有凝聚力和吸引力的重要体现；也使得管党治党的任务比以往任何时候都更加艰巨繁重。

如何破解“大的难处”，使百年大党永葆先进性和纯洁性，永葆强大向心力和凝聚力，进而跳出治乱兴衰的历史周期率，是我们党面临的严峻现实问题。

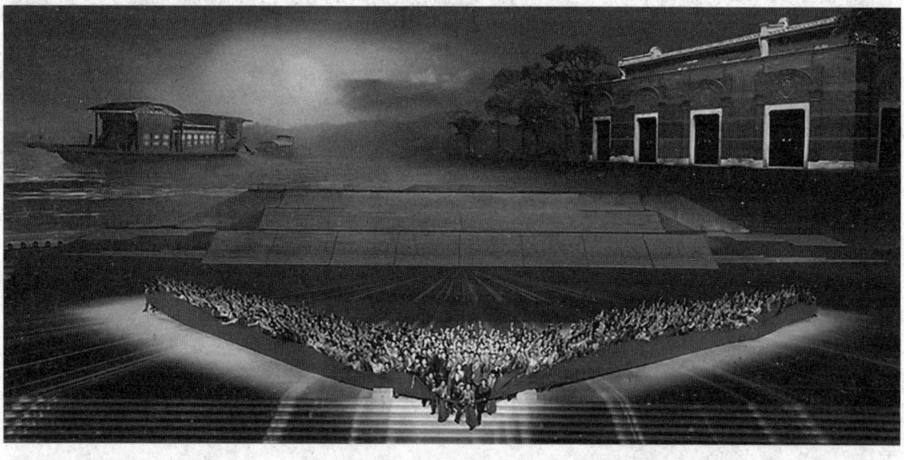

2021年6月28日晚，庆祝中国共产党成立100周年文艺演出《伟大征程》在北京国家体育场盛大举行。这是戏剧与舞蹈《破晓》 庞兴雷摄 /《瞭望》

“大的难处”难在哪里

习近平总书记指出：“我们党是世界上最大的政党，大就要有大的样子，同时大也有大的难处。”

“大的难处”，难在哪里？根据习近平总书记在不同场合所作的论述，主要表现为以下几个“不容易”：

“我们党是一个大党，统一思想历来不易”。社会多样化发展使人们思想多元化、复杂性的特征越来越明显，党内存在大量思想问题和利益矛盾等错综交织，这必然增加党内统一思想的难度；

在充分调动全党积极性、主动性、创造性的同时严明党的纪律、维护党的团结，“确保全党在共同思想理论基础上的高度集中统一尤其不易”；

一个队伍经常是不大整齐的，做到思想上政治上行动上看齐不容易；

一些动机不纯、一心想借入党捞好处的人进入党内，给党造成隐患，保持党员、干部队伍的纯洁不容易；

“把这么大的一个党管好很不容易”，教育、管理和监督党员的任务比以往任何时候都更加艰巨繁重；

保持共产党人本色，充分发挥先锋模范作用，特别是建立健全保持共产党员先进性的长效机制不容易；

这么大一个党，又长期处于执政地位，容易忽略自身问题和不足，保持自我革命精神不容易；

归根到底，提高党的建设质量，“把这么大的一个党建设成为坚强的马克思主义执政党更不容易。”

这几个“不容易”，归结起来有集中统一之难、巩固团结之难、纯洁组织之难、管党治党之难、永葆先进之难、自我革命之难、质量强党之难，等等。

关注和思考“大的难处”，体现了以习近平同志为核心的党中央深切的忧患意识。历史的经验教训证明，一个政党并不是越大就越强，有时大了反而力量更分散、处境更危险。一个大党，如果不能解决好自身存在的问题，如果不能保持党的团结统一、保持党的凝聚力和战斗力，就会人心涣散、组织涣散，一旦遭遇重大危机，就会哗啦啦轰然倒塌。

习近平总书记深刻指出：“我们党作为世界第一大党，没有什么外力能够打倒我们，能够打倒我们的只有我们自己。”他强调，“世界上最可怕的敌人从来是自己。我们党取得了举世瞩目的成就，现在更需要‘愈大愈惧，愈强愈恐’的态度，切不可在管党治党上有丝毫松懈。”

大型立体式视觉置景名为“主义的抉择”，100 件五四运动前后传播马克思主义、社会主义的报纸杂志，错落陈列在玻璃墙上。其中，《新青年》第六卷第五号“马克思研究专号”在前端“高光”展示，这期“专号”标志着马克思主义在中国的传播进入了较为系统的阶段（6 月 1 日摄）刘颖摄 /《瞭望》

党不断发展壮大的重要原因

破解“大的难处”，需要从党的历史中寻找经验和启示。回顾党的历史，可以发现，注重思想建党、理论强党，是我们党的鲜明特色和光荣传统，也是我们党凝聚力量、不断发展壮大，并且始终保持坚强团结的重要原因。

马克思主义政党的先进性，首先体现为思想理论上的先进性。

中国共产党的诞生，本身就是马克思列宁主义与中国工人运动相结合的产物。中国共产党从成立之日起，就把马克思列宁主义作为立党之本，此后，又相继把毛泽东思想、邓小平理论、“三个代表”重要思想、科学发展观和习近平新时代中国特色社会主义思想写在自己的旗帜上。这个一脉相承又与时俱进的指导思想体系，蕴含着真理，指引着方向，也蕴含着统一全党思想和意志的精神力量。中国共产党为什么能？拥有科学的指导思想、强大的思想武器是一个根本原因。

指导思想是一个政党的精神旗帜。世界社会主义实践的曲折历程告诉我们，马克思主义政党一旦放弃马克思主义这面旗帜，丧失了社会主义和共产主义信仰信念，就会土崩瓦解。苏共垮台的一个重要原因是在指导思想上出了问题，指导思想上的多元化导致党内思想混乱，一些苏共党员甚至领导层成员成了否定苏共历史、否定社会主义的急先锋，成了传播西方意识形态的大喇叭。苏共从思想混乱演变到组织混乱，最终导致党的瓦解，教训十分深刻。

注重思想建党、理论强党，是我们党凝聚力量、不断发展壮大的重要原因。

一百年来，我们党从小到大，由弱到强，真可谓“其作始也简，其将毕也必巨”。回顾党的奋斗历程可以发现，中国共产党之所以能够历经艰难困苦而不断发展壮大，很重要的一个原因就是我们党始终重视思想建党、理论强党，使我们党在信仰信念、方向道路、路线方针、革命精神等方面，具有广泛的感召力、强大的凝聚力和持久的引导力。

在党的历史上，曾有过几次党的组织大发展时期：大革命时期，党员人数从 1925 年初的不足 1000 人，经过五卅运动，到年底发展到 1 万人，经过北伐战争，到 1927 年党的五大时发展到 5.8 万人；抗日战争时期，很多热血青年“打断骨头连着筋，扒了皮肉还有心，只要还有一口气，爬也要爬到延安城”，党员人数从全国抗战开始的 4 万多人，到1938年底发展到50多万，到1945年党的七大时已发展到121万人；解放战争时期、新中国成立后和改革开放以后，党员人数快速增长。这固然与党的事业发展和大力发展党员的党建方针有关，但同时，也同党的思想理论、政策主张带来的政治影响力有很大关系。这正是我们党思想感召力、政治影响力的真实写照。

注重思想建党、理论强党，是我们党发展壮大后保持坚强团结、保持革命本色的重要原因。

毛泽东同志指出："掌握思想教育，是团结全党进行伟大政治斗争的中心环节。"回顾党的历史可以发现，在党组织发展壮大的过程中，特别是在组织大发展、党员人数迅速增多的阶段，不同成分的党员往往会将一些非无产阶级思想带入党内。我们党之所以能在发展壮大后保持坚强团结，一个重要原因就是坚持思想建党、理论强党，使全党始终保持统一的思想、坚定的意志、协调的行动、强大的战斗力。

自古田会议确立思想建党原则以来，从延安整风运动，到新中国成立初期兴起学习毛泽东思想的热潮；从真理标准大讨论，到改革开放以来特别是党的十八大以来开展的多次党内集中教育，加强思想教育对于坚持真理、修正错误，对于纠正党内错误思想、提高党员思想觉悟，对于消除思想分歧、解决党内矛盾，对于统一全党思想、凝聚全党力量都起到了十分重要的作用。

在一些重大历史转折关头，在党的事业发展处于新的起点、前进道路上遇到大的困难，世界社会主义出现风波、国内外敌对势力借机制造思想混乱的时候，我们党特别重视抓思想建设，用科学理论教育全党，保持清醒头脑，增强忧患意识，坚定理想信念，坚定正确的前进方向。这也是我们党发展壮大后不变质不变色、始终保持革命精神的重要原因。

破解"大的难处"的重要法宝

改革开放以来，特别是进入新世纪，世情国情党情发生深刻变化。

随着党员人数的快速增长，一段时期以来，党员队伍中松散涣散、名不副实的情况有所增加，一些党员不像党员、不在组织、不起作用。作为一个在对外开放和发展社会主义市场经济条件下长期执政的大党，精神懈怠、能力不足、脱离群众、消极腐败的危险更加尖锐地摆在全党面前。基于此，党中央作出全面从严治党的战略部署，着力解决党内存在的突出问题，着力破解“大的难处”。

“大的难处”表现在方方面面，破解“大的难处”也需要多管齐下，统筹推进党的各方面建设。这其中，起基础性作用的是要以思想“铸魂”，即通过加强党的思想建设，用党的科学理论武装全党，确保全党在共同思想理论基础上的高度集中统一。

维护党中央集中统一领导，首先要在思想上向党中央看齐。

党的历史告诉我们：要治理好我们这个大党，保证党的团结和集中统一至关重要，维护党中央权威至关重要。只有党中央有权威，才能把全党牢固凝聚起来。如果党中央没有权威，党就会变成一盘散沙。维护党中央权威和集中统一领导，必须自觉在思想上政治上行动上同党中央保持高度一致。这其中，思想是打头的。这是因为，思想上同党中央保持高度一致，是政治上、行动上同党中央保持高度一致的基础和前提。加强思想教育和理论武装，是保证全党步调一致的前提。向党中央看齐，首先要在思想上向党中央看齐。

巩固组织上的团结统一，需要全党在思想上做到高度统一。

习近平总书记指出，组织是“形”，思想是“魂”。加强党的组织建设，既要“造形”，更要“铸魂”。一方面，根据马克思主义原则形成的思想一致要用组织的物质统一来巩固。另一方面，没有思想上的高度统一，组织上的统一也是不牢固的。使党的细胞即每个党员充分发挥先锋模范作用，要靠党员思想觉悟的提高。构建上下贯通、执行有力的严密组织体系，使党的领导“如身使臂，如臂使指”，要靠全党在思想统一基础上的坚强团结。提高党的领导力和组织力，必须抓好用党的科学理论武装全党。

从严治党管党，防止腐化变质，需要从思想上固本培元。

习近平总书记指出："党内存在的一些突出问题，从根源上说都是思想上的问题。"比如，有的党员理想信念动摇，对共产主义心存怀疑、含糊其辞；有的信仰迷失，不信马列信鬼神，从封建迷信中寻找精神寄托；有的思想混乱，分辨不出西方"普世价值""宪政民主""国企垄断论"等话术中包含的政治陷阱，不自觉中成了错误思潮的俘虏，等等。思想防线一旦被攻破，其他防线就很难守住。"总开关"没拧紧，各种出轨越界、跑冒滴漏就在所难免。一些党员干部走上违纪违法的道路，往往就是从"总开关"失修开始的。拧紧了思想这个"总开关"，许多问题就好解决了。因此，全面从严治党，首先要抓思想从严。只有加强思想建设，才能提高规矩意识、纪律意识，自觉接受党的监督和党的纪律约束。只有加强思想建设，在立根固本上下功夫，才能防止歪风邪气近身附体，才能筑牢拒腐防变的思想防线，提高自身免疫力，打造百毒不侵的金刚不坏之身。

永葆党的先进性和纯洁性，需要在提高思想觉悟上下功夫。

习近平总书记指出："保持党在思想上的纯洁性，是保证党的正确政治方向和党的团结统一的思想基础。"思想建设出了问题，党的建设的方向和道路就会走偏，党的先进性和纯洁性必然丧失。永葆党的先进性和纯洁性，需要通过加强思想建设解决部分党员"思想上没有入党"的问题，保持党员、干部队伍的纯洁；需要通过党内集中教育与经常性教育相结合，不断提高党员思想觉悟，建立健全保持共产党员先进性的长效机制。党的十八大以来，我们党先后开展党的群众路线教育实践活动、"三严三实"专题教育、"两学一做"学习教育、"不忘初心、牢记使命"主题教育、党史学习教育，都以思想教育打头，强化理论武装，注重解决思想根子问题，这对于保持党的自我革命精神、解决党内存在的突出问题、永葆党的先进性和纯洁性起到了重要作用。

铸牢百年大党的政治灵魂

党的十八大以来，面对“大就要有大的样子”的管党治党要求、“大也有大的难处”的问题挑战，以习近平同志为核心的党中央以自我革命精神推进全面从严治党，以讲认真精神不断提高党的建设质量，使我们党在革命性锻造中更加坚强。同时，也取得了把一个大党管好建好的宝贵经验。

在党的建设中，思想是基础，是导向，是灵魂。破解“大的难处”，必须把思想建设作为党的基础性建设牢牢抓在手里，坚定理想信念，强化理论武装，抓好党性教育和道德教育，以思想建设为百年大党“铸魂”。

把坚定理想信念作为首要任务。一个政党必须有自己的政治灵魂。习近平总书记指出：“马克思主义政党不是因利益而结成的政党，而是以共同的理想信念而组织起来的政党。”“对马克思主义的信仰，对社会主义和共产主义的信念，是共产党人的政治灵魂，是共产党人经受任何考验的精神支柱。”

历史和现实都告诫我们：全党理想信念坚定，党就拥有无比强大力量；全党理想信念淡薄，党就会成为乌合之众，风一吹就散。我们常说，基础不牢，地动山摇。信念不牢也是要地动山摇的。在苏联解体、苏共垮台的动荡中，近二千万党员“竟无一人是男儿”，没什么人出来抗争。原因就是理想信念已经荡然无存了。现实生活中，有的党员干部出这样那样的问题，甚至违法犯罪，归根到底也是在理想信念上出了问题，丢了魂，忘了本。

因此，建设坚强的马克思主义执政党，首先要从理想信念做起，着力解决一些党员理想信念动摇、初心使命淡忘、精神“缺钙”等问题，真正做到虔诚而执着、至信而深厚，让理想信念成为自己心中的灯塔，凝聚精气神的灵魂。这是思想“铸魂”的首要任务、根本任务、战略任务。

坚持不懈强化理论武装。坚定理想信念，光有朴素的感情是远远不够的，还必须有深厚的理论信仰作支撑，否则一有风吹草动就会发生动摇。有的同志之所以理想渺茫、信仰动摇，根本的就是历史唯物主义观点不牢固。

习近平总书记强调："坚定的理想信念，必须建立在对马克思主义的深刻理解之上，建立在对历史规律的深刻把握之上。"他指出："中国共产党是用马克思主义武装起来的政党，马克思主义是中国共产党人理想信念的灵魂。""背离或放弃马克思主义，我们党就会失去灵魂、迷失方向。"

面对世界百年未有之大变局，在国际上不同社会制度、不同发展道路的博弈日趋激烈，国内外各种意识形态、思想观念相互激荡的形势下，筑牢马克思主义的理论基础，学会运用马克思主义立场、观点、方法分析观察问题特别是复杂问题，对于广大党员坚定政治信仰、保持政治定力显得尤为重要。要坚持不懈推进理论武装，把马克思主义理论作为必修课，教育引导党员念好马克思主义的"真经"，学好用好马克思主义的看家本领，不断提高全党理论思维能力和思想政治水平，建设马克思主义学习型政党。

习近平新时代中国特色社会主义思想是马克思主义中国化最新成果，是引领中国、影响世界的当代中国马克思主义、21世纪马克思主义，是新时代中国共产党的思想旗帜和精神旗帜。这一创新理论，深刻回答了时代之问、人民之问，廓清了现实生活中的许多思想迷雾。加强理论武装，最重要的是用党的创新理论武装头脑、凝心聚魂，把习近平新时代中国特色社会主义思想作为主心骨、定盘星、度量衡，着力教育引导全党增强"四个意识"，坚定"四个自信"，做到"两个维护"，实现全党在思想上的高度统一。

抓好党性教育这个核心。对一个大党来说，最要紧的是团结。这种团结，是建立在党性原则基础上，同志们掏心见胆、并肩奋斗的真团结。毛泽东同志在党的七大上指出：“一致的行动，一致的意见，集体主义就是党性。我们要使许多自觉的个性集中起来，对一定的问题、一定的事情采取一致的行动、一致的意见，有统一的意志，这是我们的党性所要求的。”习近平总书记指出：“党性说到底就是立场问题。共产党人无论是想问题、搞研究，还是作决策、办事情，都必须站在党和人民立场上，而不能把个人利益放在第一位。这就是共产党人的党性原则。”他还说：“党性是党员、干部立身、立业、立言、立德的基石。”“党性教育是共产党人修身养性的必修课，也是共产党人的‘心学’。”抓好党性教育，要强化理论学习，学习越深，接受教育越多，就越能认识真理，越能站稳人民立场，越能坚强党性。同时，要进行积极的思想斗争，以整风精神开展批评和自我批评，通过党内政治生活这个大熔炉锻炼坚强党性，不断祛除思想上的“病菌”和“灰尘”。

抓好道德教育这个基础。在中国共产党一百年奋斗历程中，涌现了一大批视死如归的革命烈士、一大批顽强奋斗的英雄人物、一大批忘我奉献的先进模范。正是在这些具有奉献精神和牺牲精神的高尚人格感召下，越来越多的先进分子汇聚到党的旗帜下，为党的事业前仆后继地奋斗。如果一个党的绝大多数成员都是有道德的人，都有党员应有的样子，这个大党就有了大的样子。要坚持用优秀传统文化、革命文化、社会主义先进文化涵养道德情操，引导广大党员明大德、守公德、严私德，加强道德修养。

道德修养要从“知”入手，树立正确的世界观、人生观、价值观、权力观、地位观、利益观、事业观、政绩观，明辨是与非、真与假、实与虚、正与邪、善与恶、美与丑、荣与辱，正确处理公与私、义与利、权与民、情与法、亲与清、苦与乐、得与失、俭与奢、廉与贪等关系。道德修养要落脚于“行”，践行全心全意为人民服务的根本宗旨，带头践行社会主义核心价值观，做到修身慎行、怀德自重、清廉自守，永葆共产党人政治本色。要坚持知行合一，把改造世界与改造自我结合起来，把真理的力量、信仰的力量与人格的力量统一起来，以实际行动彰显共产党人的人格力量。

思想“铸魂”不能局限于党内。党的思想建设同宣传思想工作、意识形态工作、思想政治工作、新闻舆论工作、教育文化工作等密不可分。要面向社会做好宣传思想工作，巩固马克思主义在意识形态领域的指导地位，巩固全党全国人民团结奋斗的共同思想基础，在更大范围、更广阔基础上铸魂育人。用党的思想理论和政策主张争取群众，使更多的人从思想上靠近党、认同党，不断扩大党的阶级基础和群众基础，是从源头上培养党的合格接班人、保持党的生命力的主要途径。

党的思想建设是一项塑造灵魂的工作。党的十八大以来，我们党在思想建设方面抓得很紧，连续开展了几次集中性学习教育，取得了很好的效果。但思想认识问题一时解决了，不等于永远解决。思想建设不可能毕其功于一役，要持续用力、久久为功。习近平总书记强调：“要突出政治训练，重点是学习党的理论特别是新时代中国特色社会主义思想，学习党的革命历史和优良传统。这个事情不要怕花时间、花精力。”当前，全党正在深入开展党史学习教育，全社会也在广泛开展党史、新中国史、改革开放史、社会主义发展史宣传教育，这是以思想建设为百年大党“铸魂”的重大战略举措。要把学党史、悟思想结合起来，教育引导全党从党的非凡历程中进一步感悟马克思主义的思想伟力，增强用习近平新时代中国特色社会主义思想武装全党的政治自觉，做到学史明理、学史增信、学史崇德、学史力行，为推进党的自我革命、永葆党的生机活力汲取经验和智慧，为开启全面建设社会主义现代化国家新征程凝聚强大精神力量。（中共中央党史和文献研究院胡昌勇，刊于《瞭望》）

抓实以学正风，解决突出问题

“通过集中教育推动全党以自我革命精神解决党风方面的突出问题，是一条重要历史经验。”习近平总书记近日在内蒙古考察时，就抓实以学正风提出明确要求，为广大党员干部以过硬作风、扎实举措推动学习贯彻习近平新时代中国特色社会主义思想主题教育取得实实在在的成效，指明了努力方向和实践路径。

党的作风是党的形象，是观察党群干群关系、人心向背的晴雨表。人民群众看主题教育是否有成效，最直观的感受是看党风方面存在的问题是否得到解决、党员干部作风是否有明显进步。抓实以学正风，就要坚持目标导向和问题导向相结合、学查改相贯通，对标党风要求找差距、对表党性要求查根源、对照党纪要求明举措，增强检视整改实效。

抓实以学正风，要大兴务实之风。调查研究是谋事之基、成事之道，要在察实情、出实招、求实效上下功夫，把工作抓实、基础打实、步子迈实，在力戒形式主义、官僚主义上取得明显实质性进展。要以这次主题教育为契机，在全党大兴调查研究，将调查研究发扬光大，促进广大党员、干部特别是领导干部带头深入调查研究，通过抓好调查研究推动解决问题，把学习和调研落实到完成党的二十大部署的各项任务中去。

抓实以学正风，要弘扬清廉之风。教育各级领导干部牢固树立正确权力观，全面查找廉洁风险点，筑牢思想防线，坚守法纪红线，做到公正用权、依法用权、为民用权、廉洁用权，推动形成清清爽爽的同志关系、规规矩矩的上下级关系、亲清统一的新型政商关系，当好良好政治生态和社会风气的引领者、营造者、维护者。“为政者，莫善于清其吏也。”要按照“三不腐”要求健全相关制度、严格执纪，把不敢腐的强大震慑效能、不能腐的刚性制度约束、不想腐的思想教育优势融于一体，坚决把党风廉政建设和反腐败斗争进行到底。

抓实以学正风，要养成俭朴之风。俭以养德，奢必丧志。党员干部要想行得端、走得正，就必须涵养道德操守，培养健康情趣，崇尚简朴生活，始终保持共产党人本色。要驰而不息纠治“四风”，把生活作风问题作为检视整改的重要内容，督促广大党员干部保持清醒头脑，筑牢贯彻落实中央八项规定及实施细则精神的堤坝，做到心有所畏、言有所戒、行有所止。

以学正风，贵在坚持不懈，成于久久为功。让我们把思想和行动统一到习近平总书记的重要讲话精神上来，发扬自我革命精神和钉钉子精神，以学正风葆本色，担当作为求实效，扎实开展好学习贯彻习近平新时代中国特色社会主义思想主题教育，努力创造经得起历史和人民检验的实绩。（新华社评论员）

退休不是护身符 反腐没有休止符

廉洁深圳网 2023 年 10 月 10 日通报，深圳市纪委监委日前对深圳市原交通局货运管理分局局长钟庚赐严重违纪违法问题进行了立案审查调查，决定给予钟庚赐开除党籍处分并降低退休待遇、收缴违纪违法所得。

此前，网名为“北极鲶鱼”的女子炫富言论引起社会舆论持续关注。在六个多月的查处过程中，广大群众特别是不少网民对案情调查进程高度关切。记者向深圳市有关部门核实确认，钟庚赐为网民“北极鲶鱼”的爷爷。深圳市纪检部门最终查明，钟庚赐严重违反党的政治纪律、廉洁纪律，并构成严重职务违法，应予严肃处理。

钟庚赐于 2007 年 11 月退休，16 年后依然受到党纪国法的严惩。腐败分子不管埋多深、藏多久，终究躲不过群众的眼睛，逃不过党纪国法的惩罚。党员干部必须时时自省自警自励，严防思想蜕变，方能善始善终。反之，放松对自身的要求，触碰党纪国法红线，难免晚节不保，身败名裂。

贪欲难遏，往往导致家风不正；家风败坏，又必然助长领导干部在腐败的泥潭里愈陷愈深。在“北极鲶鱼”网上炫富的种种荒谬言论中，其严重的家风问题可见一斑。党的十八大以来，党中央把领导干部家风建设纳入作风建设范畴，并通过党内法规的形式予以制度化。严家教、正家风不仅是道德规范，也是纪法要求，更应成为广大党员干部的自觉。无论是党员干部还是其家属，都要注重家庭家教家风建设，清白做人、勤俭治家、干净做事、廉洁从政，过好权力关、亲情关，守好家庭这道拒腐防变的重要防线。

揪住社会关切的腐败线索一追到底、一查到底，事关党和政府公信力，不仅是群众期盼，也是深入开展反腐败斗争的关键一环，还是检验反腐成效的重要试金石。钟庚赐被依纪依法惩处，传递出一个鲜明信号——退休不是护身符，反腐没有休止符。当前，反腐利剑持续高悬、监督手段不断丰富、监督精度不断提高、查处力度不断加大。广大党员干部要对党纪国法常怀敬畏之心，自觉弘扬清廉之风，当好良好政治生态和社会风气的引领者、营造者、维护者。（新华社记者）

警惕干部贪腐年轻化苗头

◆年轻干部涉腐案件呈现出诸多新特点：网络成为诱发腐败的重要源头；涉案年轻干部虽然级别不高，但大多身处重要岗位、关键环节，容易出现“小官大腐”；技术犯罪等特征明显，腐败行为具有较强隐蔽性

◆年轻干部的优势是理论功底高、悟性高，不足是阅历较浅、基层实践经历较少，底线意识还不坚牢

朱慧卿 图 /《瞭望》

腐败年轻化，催生反腐新命题。近日，《瞭望》新闻周刊记者在十多个省份60余个县市调研发现，2021年换届以来，部分“80后”“90后”干部走上领导岗位，择优提拔的年轻干部充实活跃了干部队伍，同时，贪腐“年轻化”和“低职化”现象也露出苗头。

采访中，有专家谈到，少数年轻干部因学习不够、底线不强、敬畏不足，被“围猎”时容易把握不住自己。从中央纪委国家监委网站通报的年轻干部案例来看，有的在岗时间短但腐化堕落快，有的职位不高但贪污金额不低，有的虚荣攀比甘心被围猎，有的利用技术手段获取不义之财等等，反映出腐败年轻化的新特征。预防腐败年轻化，扎紧制度笼子的同时，更应做实做细教育管理监督，帮助年轻干部“扣好第一颗扣子”。

腐败年轻化呈现新特点

通过梳理近年来公开披露的多起涉腐案例，记者发现，腐败分子中的年轻面孔屡有出现。这些案件呈现出诸多新特点：网络成为诱发腐败的重要源头；涉案年轻干部虽然级别不高，但大多身处重要岗位、关键环节，容易出现“小官大腐”；技术犯罪等特征明显，腐败行为具有较强隐蔽性。

“涉网”腐败现象明显。年轻干部多为“触网一代”，他们“与网同行”既受其利，把控不好也会深陷网络赌博、网络游戏、直播打赏旋涡，诱发腐败。

从公布的案例看，一些涉案年轻干部“因网而腐”：有的收受贿赂炒股理财，有的修改网络程序挪用公款超前消费，有的截留民生资金升级网游装备、打赏网络主播等。

级别不高，涉案金额不少。涉案年轻干部很少有处级、厅级干部，大部分是机关、街道的科级或股级干部，但涉案金额往往令人震惊。南方某市公安局人事科“85后”副科长唐某，从2015年至2018年底，利用职务之便将23名亲朋好友姓名加入辅警人员工资表，以冒领工资的方式侵吞公款200余万元。

技术犯罪特征明显，具有一定隐蔽性。由于对新技术的接受和掌握程度较高，少数年轻干部甚至通过修改网络程序、代码等方式作案，犯罪手法日趋智能化。河南省濮阳市华龙区机关事业单位社会保障中心原干部穆某将单位收费的二维码篡改为个人支付宝二维码，违规收取辖区机关事业人员补缴的养老保险费60多万元。

为何刚启航就“偏航”

记者调研发现，少数年轻干部陷入贪腐泥潭，理想信念缺失是内在诱因，“腐败侵蚀”和监督弱化则是外在因素。

有活力、少定力，少数年轻干部学习不够。一些受访市县领导干部表示，年轻干部广泛接触互联网和市场，对基层问题有独到见解，遇事有激情，也容易被错误观念裹挟。湖南中部某县级市委书记说，年轻干部仍需要在艰苦工作中坚定信念、磨炼意志品质，降低犯错误的风险。

须提高底线意识，提高敬畏心。河北、山东多名地市主官表示，年轻干部的优势是理论功底高、悟性高，不足是阅历较浅、基层实践经历较少，底线意识还不牢。“去年通报的案例里，少数年轻干部对组织对事业没有敬畏心，导致工作不久就出问题。”山东省一名市委书记说。

部分年轻干部过早成为“天花板”型干部。或是因为前期提拔较快，或是因为上升通道狭窄，少数基层年轻干部提拔后后续教育监督管理没跟上，躺平也快，加剧腐败风险。

“以乡镇为例，参公、事业身份的干部比例很高，这部分干部晋升机会较少，有干部30多岁当上乡镇长，就很难有晋升空间了，如果管理呵护跟不上就容易意志衰退。”湖南中部某县级市纪委书记说。

挣得少、花得多，基层薪酬与年轻群体消费习惯不适。基层干部待遇不高，个别会遇到“挣得不够花”的情况，在“围猎”时容易动摇。“从省直单位到县里任职工资直接砍去一半，乡镇干部的工资更低，个别干部就想着法在工程上捞钱。”山西省一名“蹲苗”县委副书记说。

“对症下药”筑牢拒腐防线

守住年轻干部拒腐防变防线，既要加强监督管理、将制度规范落实落细，也要创造条件更好呵护年轻干部健康成长。

加强初心和使命教育，提升年轻干部教育的针对性和有效性。结合年轻干部的思想特点、群体性特点等，有针对性地加强教育、管理和监督，帮助他们扣好廉洁从政“第一粒扣子”。山西省灵石县委书记韩军说，干部可结合调查研究与主题教育，针对不同类型干部进行专项教育，提升年轻干部的政治素养和工作能力。

同时，抓好主要领导，以领导的示范性带动年轻干部的积极性。深圳市宝安区委书记王守睿说，基层往往是“一级带着一级干、一级做给一级看”，组织的威信在于主要领导，通过主要领导才能带动整个组织。

加强人文关怀，是决定年轻干部成长进步的关键所在。相关部门应为基层年轻干部解决工作和生活中的实际困难，让年轻干部无后顾之忧，将更多精力集中于实际工作，增强年轻干部的归属感、荣誉感和获得感。

广东省梅州市委书记马正勇、山东省荣成市市长郑跃文等人表示，可适当增加机关单位的集体活动，尤其对于交流干部更应给予生活、家庭方面的关心，通过感情凝聚干部。

加强精细化考核，在一线实践中锻炼年轻干部。多位受访干部建议，可通过建立政治档案、实绩档案，制定短、中、长期年轻干部培养计划，突出选拔在一线“战场”中冲在前、做得实、干得好的年轻干部。“我们县里挑选了征地拆迁、乡村振兴、项目建设等 20 多个急难险重任务作为检验年轻干部攻坚能力的‘主战场’，并且制定了跟踪考核评价办法，及时发现、考核年轻干部。”福建三明一名县委书记说。（《瞭望》新闻周刊记者王劲玉，参与记者：陈弘毅、周科、陈国峰、曹国厂、刘邓、闵尊涛、覃星星、席敏、谢奔、佘勇刚、邓中豪）

民企反腐难在哪

职务侵占挖墙脚、虚增交易环节、期权式行贿受贿……民企腐败问题频发，且与公共部门腐败相互交织，成为下一步全面反腐需要补齐的短板

民企反腐的制度设计远落后于公共领域，亟需建立起预防打击的“天罗地网”

职务侵占挖墙脚、虚增交易环节、期权式行贿受贿……记者近期在民营企业集中的江苏、浙江、福建等地调研了解到，民企腐败问题频发，不仅使企业蒙受大额经济损失，甚至影响到一些对我国营商环境的评价。民企反腐的制度设计落后于公共领域，亟需建立起预防打击的“天罗地网”。

“一进一出”腐败多发

近年民营企业腐败案件多发，对营商环境的负面影响有所增加。

涉事民企量多面广。从近期头部互联网企业公开发布的企业内部反腐年报看，2022 年腾讯查处案件 70 余起、辞退 100 余人；美团移送司法机关 107 人，清退合作商家 41 家。

另据浙江省相关部门 2022 年底联合通报的涉企经济案件数据，截至 2022 年 11 月，浙江省共办理合同诈骗、职务侵占、挪用资金、非国家工作人员行贿受贿等涉企经济案件 1400 余起，涉案资金近 200

亿元。

负面影响有所加深。受访律师表示，一是腐败和泄露商业机密串联对企业危害大，轻则导致企业经营活动成本升高、竞争力降低，重则核心技术人员被收买，有可能导致企业的“灭顶之灾”；二是腐败容易滋生负面潜规则，例如互联网平台入驻商户被要求向工作人员“返点”作为回扣，无形中增加了小微商户生存压力。

北京师范大学中国企业家犯罪预防研究中心主任张远煌认为，民企内部腐败危害大，除直接经济损失外，案件呈现民企腐败和公共领域腐败交织等特点，对整体营商环境可能造成负面影响。

记者调查了解到，民企内部腐败易发多发，往往集中于“一进一出”环节，即采购销售领域，表现为职务侵占、合同诈骗、挪用资金等，这类硕鼠式腐败一般为专业人员隐蔽操作，蚕食企业资产不易发现，严重侵害民企利益。

苏州某光电公司因在生产经营中需大量采购和维护信号板等设备，时任该公司下属制造工厂负责人蔡某某，在发现可虚增交易环节侵占公司利益后，便与同事陈某合谋，以自己情人名义成立一家电子公司，并共同利用职务便利使之成为所在公司供应商。

蔡某某与陈某以每台约 1.2 万元的价格从第三方公司购买信号板等设备，又以每台 3 万至 4 万元的价格转卖给所在公司。此外，其所有安装、维修服务均由该电子公司承担。利用这一虚增交易方式，蔡某某等获取被害企业各款项差价 200 多万元。

“以虚增交易环节方式掩盖个人侵占企业财产的犯罪行为，其作案手段较其他职务侵占类案件更加复杂隐蔽。”苏州市吴江区人民检察院检委会专职委员姚界承表示。

姚界承解释说，上述案件中两人作为被害企业管理人员，利用各自岗位职责和公司采购流程漏洞，相互勾结设立空壳公司参与被害企业的实际交易结算，相比其他职务侵占涉案犯罪数额巨大、犯罪手段隐蔽性强。

电商等互联网新经济行业也常常发生购销领域腐败。国内某龙头纸业公司法务部负责人表示，近年公司屡有管理人员受贿，电商等业务更是重灾区，表现为利用职务便利，以支持客户市场费用为由，低价将公司货物卖给经销商，收受经销商大额好处费，人均涉及金额都以百万元计。

浙江省绍兴市越城区一家电商企业品牌运营雷某某利用帮公司线上推广品牌、采购直播设备、申请某电商平台店铺等职务便利，编造将钱款用于向公司某直播平台刷礼物、找就职于电商平台的朋友公关等事由，向公司申领备用金、公关费等共计人民币 18 万余元并占为己有，用于个人挥霍。

利剑 徐骏图 /《瞭望》

交易性腐败愈发隐蔽

相较于围绕“一进一出”等环节的财物侵占等民企内部腐败，民企行贿官员等交易性腐败愈发隐蔽。

江苏省淮安市洪泽区城市资产公司原副总经理陈某，为规避组织调查，直到离职后才接受某资产管理公司的 80 万元“感谢费”。江苏省淮安市洪泽区纪委监委案件审理室相关负责人表示，期权腐败多涉及巨额贿赂。即便是约定事后兑现，行贿受贿双方也会规避直接转账交易，而采取现金交易、汽车房屋等固定资产无偿交付使用、高消费买单、特定关系人代收贿赂、合伙经商分红等隐蔽方式完成行贿受贿。

“当前行贿变得更为隐蔽，直接的金钱交易比较少见。”北京大成(南京)律师事务所某资深律师表示,比如一些民企将私车借为公用,与体制内人合伙做生意，通过代持股、阴阳合同等背后交易，实现利益输送。而这些问题审查难以发现。

绍兴市上虞区人民检察院第二检察部主任徐涟红表示，办案中许多犯罪嫌疑人采用现金、代持权益等隐秘方式逃避打击，又出现“期权式腐败”、并购重组作假等新问题，司法打击难度增加。

业内人士说，一些违法犯罪行为十分隐蔽，企业自查取证难、固定证据难。“没有办法获取私下交易的证据，甚至口头承认违法犯罪也不足以成为切实证据，不能作为量刑依据。”

建立预防打击的“天罗地网”

目前民企反腐的制度设计落后于公共领域，亟需建立起预防打击的“天罗地网”。

北京师范大学中国企业家犯罪预防研究中心 2022 年 5 月发布的《中国反贿赂合规调查报告》显示，民营企业、无资源优势或垄断地位的“非优势行业”、中小型企业的反贿赂合规体系建构，整体水平大幅落后于国有企业、金融保险、矿产能源等“优势行业”，民营企业36.7%的受访者表示“没有听说过合规这项工作”。

同时，当前民营企业内部管理机制还有诸多不完善、不健全之处，尤其对重点部门、岗位、环节和人员权力行使的监督力度不够。

苏州市吴江区人民检察院副检察长戴飞认为，净化民企生态要从内部合规管理、外部法治护航两方面发力。

一是推动民企健全内控机制。徐涟红建议，检察机关等通过办理企业合规案件，帮助企业提升内控机制，堵住可能存在的漏洞；同时有关部门可以组织互联网头部企业、大型集团公司法务、内控部门，与中小企业开展案例分析、经验交流。

二是适时通过专项行动加大对民企腐败打击力度。2022年，浙江省多部门通过助企惠企提升企业风险防范能力专项行动打击涉企经济案件，累计为企业挽回损失近26亿元。

三是探索建立民企员工职业信用数据库、从业“黑名单”。福建盼盼食品集团总裁蔡金钗建议打造职业信用平台，将劣迹记入数字档案，方便企业背景查询。戴飞建议约定劳动者实施违法犯罪行为时，用人单位可解除劳动合同，并让其支付相应的违约金，从源头构筑民企员工不敢腐的堤坝。（《瞭望》新闻周刊记者郑生竹、吴帅帅、庞梦霞）

第四章

廉洁奉公树新风

扫一扫，观看

《以伟大自我革命引领伟大社会革命——各地贯彻落实党的二十大精神深入推进新时代党的建设观察》

激荡清风正气　凝聚党心民心

——以习近平同志为核心的党中央贯彻执行中央八项规定、推进作风建设纪实

2022年12月4日，中央八项规定迎来出台十周年。

十年徙木立信。以习近平同志为核心的党中央从制定出台八项规定破题，以上率下推进全党作风建设不松劲、不停步、再出发，刹住了一些长期没有刹住的歪风，纠治了一些多年未除的顽瘴痼疾。

十年春风化雨。全党上下抓铁有痕、踏石留印，党风廉政建设深入推进，八项规定精神落地生根，使党风政风焕然一新，社风民风持续向好，让人民群众看到了实实在在的成效和变化。

八项规定，试出了人心向背，厚植了党的执政根基，已成为中国共产党作风建设的“金色名片”，成为改变中国党风政风社会风气的标志性话语。

一以贯之　常抓不懈

2022年10月25日，党的二十大闭幕仅3天，习近平总书记主持召开中央政治局会议，研究部署学习宣传贯彻党的二十大精神。

会议的一项重要议程，即是审议《中共中央政治局贯彻落实中央八项规定实施细则》。

5年前，2017年10月27日，党的十九大闭幕刚3天，习近平总书记主持召开十九届中央政治局会议，审议通过《中共中央政治局贯

彻落实中央八项规定的实施细则》，巩固和拓展落实八项规定精神成果，对相关内容进一步作出细化完善，提出更高要求。

时间的指针拨回 10 年前。2012 年 12 月 4 日，党的十八大闭幕不到一个月，习近平总书记主持中央政治局会议，审议通过中央政治局关于改进工作作风、密切联系群众的八项规定。

短短 600 余字，八项规定从调查研究、会议活动等 8 个方面为加强作风建设立下规矩。

也正是在这次会议上，习近平总书记带头作出承诺、发起号召，对新一届中央政治局委员提出要求："党风廉政建设，要从领导干部做起，领导干部首先要从中央领导做起。正所谓己不正，焉能正人。"

浙江宁波市北仑区纪委工作人员在检查北仑区大数据发展管理中心 2019 年的公款消费票据，查找是否存在违规问题（2020 年 1 月 8 日摄）。新华社记者 黄宗治 摄

这样的安排绝非巧合——

从十八届中央政治局一开始就为作风建设立下规矩，到十九届中央政治局、二十届中央政治局第一次会议均研究同样内容并进一步深

化细化，释放出的正是一以贯之贯彻落实中央八项规定，将作风建设进行到底的鲜明信号。

作风问题关系人心向背、关系党的生死存亡。

党的十八大以来，习近平总书记从巩固党的执政地位、践行党的初心使命的政治高度出发，就持之以恒落实中央八项规定精神、深化作风建设作出一系列重要论述，赋予作风建设新的时代内涵，深化了作风建设规律性认识。

政治自觉始终如一——

“党的作风和形象关系党的创造力、凝聚力、战斗力，决定党和国家事业成败”“中央八项规定不是五年、十年的规定，而是长期有效的铁规矩、硬杠杠”“风险越大、挑战越多、任务越重，越要加强党的作风建设”；

政治要求坚定鲜明——

“必须加强党的政治建设，保证全党集中统一、令行禁止”“抓好全党作风建设，首先要抓好中央委员会作风建设”“我们的领导干部不仅要自身过得硬，还要管好家属和身边工作人员，履行好自己负责领域的党风廉政建设责任，坚决同各种不正之风和腐败现象作斗争”；

战略部署重点突出——

“要继续在常和长、严和实、深和细上下功夫，密切关注享乐主义、奢靡之风新动向新表现，坚决防止回潮复燃”“要把力戒形式主义、官僚主义作为重要任务”“对享乐主义、奢靡之风等歪风陋习要露头就打，对‘四风’隐形变异新动向要时刻防范”；

初心使命永不褪色——

“要注重防范化解脱离群众、动摇根基的风险，始终保持党同人民群众的血肉联系”“要持续整治群众身边腐败和作风问题，让群众在反腐‘拍蝇’中增强获得感”“凡是群众反映强烈的问题都要严肃认真对待，凡是损害群众利益的行为都要坚决纠正”；

……

激浊扬清，久久为功。

重庆市渝北区纪委监委工作人员利用“四风”问题监督系统进行线索分析（2019 年 1 月 15 日摄）。新华社记者 王全超 摄

中央政治局每年召开民主生活会，听取贯彻执行八项规定情况汇报，开展批评和自我批评；

每年召开的中央全会、中央纪委全会等重要会议，习近平总书记都对贯彻执行中央八项规定、加强作风建设作出专门部署、提出明确要求；

从党的群众路线教育实践活动、“三严三实”专题教育、“两学一做”学习教育，到“不忘初心、牢记使命”主题教育、党史学习教育，接续开展的党内集中教育都对改进工作作风，密切联系群众提出明确要求……

2022 年 10 月 16 日，人民大会堂灯光璀璨，党的二十大开幕。

面对全场2000多名代表，面向全党全军全国各族人民，习近平总书记目光坚毅、话语铿锵——

“锲而不舍落实中央八项规定精神，持续深化纠治‘四风’，重点纠治形式主义、官僚主义，坚决破除特权思想和特权行为。”

踏上新征程，展现新风貌。

2022年10月27日，党的二十大闭幕后首次京外活动，习近平总书记带领新当选的二十届中共中央政治局常委来到延安，瞻仰革命圣地。

在延安革命纪念馆，总书记在“延安时期的十个没有”展板前久久驻足。展板之上，列首位的正是“没有贪官污吏”。

在广西融水苗族自治县杆洞乡乌英苗寨，纪检监察干部（右一、右二）在了解扶贫产业补助资金的落实情况（2019年11月16日摄）。新华社记者 黄孝邦 摄

“当年毛泽东同志等老一辈革命家在延安，住窑洞、吃粗粮、穿布衣，用‘延安作风’打败了‘西安作风’。”习近平总书记话语坚定，“全党同志要把老一辈革命家和共产党人留下的光荣传统和优良作风

传承好发扬好，勇于推进党的自我革命，坚定不移推进全面从严治党，始终保持党的先进性和纯洁性，确保党始终成为中国特色社会主义事业的坚强领导核心。”

以上率下　以身作则

“看看老乡们脱贫后生活怎么样，还有什么困难，乡村振兴怎么搞”。

2022年10月26日，习近平总书记在陕西省延安市安塞区南沟村考察。

正值金秋，山上苹果园硕果累累。习近平总书记向现场采摘的果农了解今年苹果收成，同老乡们亲切交流，并采摘了一个红红的大苹果。

陕北的大红苹果，映照出总书记对全面推进乡村振兴的关心牵挂，饱含着人民领袖对群众的真挚情感。

山高水远，风雨同行；路遥万里，不忘初心。

十年来，习近平总书记深入地方考察调研百余次。每次考察调研，总书记都对安排方案亲自把关，不搞刻意设计，尽量安排紧凑，确保调研深入群众、务实高效。

深入脱贫攻坚一线，面对面同基层干部和群众聊家常、算细账，要求全面小康“一个都不能少”“不获全胜决不收兵”；

赴地方调研指导开展“不忘初心、牢记使命”主题教育，强调要把群众观点和群众路线落实到各个工作环节和具体行动中，让群众办事更方便、更踏实；

在疫情防控斗争的关键时刻飞赴武汉，强调“坚决打赢湖北保卫战、武汉保卫战”，坚定了广大干部群众必胜信心；

……

从东南沿海到西北内陆，从雪域高原到草原林区，十年来，习近平总书记听民声、察民情、问民意，用脚步丈量祖国大地，用真心倾听人民心声，用实干履行庄严承诺。

“4 个热菜：红烧鸡块、阜平烩菜、五花肉炒蒜薹、拍蒜茼蒿；一个猪肉丸子冬瓜汤；主食水饺、花卷、米饭和杂粮粥。特别交代不上酒水。”

在中国国家博物馆的网上展厅，一张习近平总书记 2012 年年底在河北阜平考察时的晚餐菜单格外引人注目。

一份菜单里看作风。朴素的家常便饭，严格的“四菜一汤”，折射出共产党人艰苦朴素的政治本色和优良传统。

党的十八大以来，无论是国内考察调研还是国外出访活动，习近平总书记始终以身作则、以上率下，带头严格执行中央八项规定，以行动作无声的号令、以身教作执行的榜样，为全党改进作风提供了强大动力。

出行上，一向轻车简从。党的十八大后首次出京赴广东考察，不腾道、不封路、不铺红毯，与群众直接接触、亲切交流；

住宿上，尽量简化安排。赴河北阜平考察，住的是 16 平方米房间。在四川芦山地震灾区，住的是临时板房；

用餐上，吃的都是家常便饭。在福建古田，同基层代表共进午餐，吃的是红米饭、南瓜汤。到陕北梁家河，和乡亲们一起吃的是荞麦饸饹、油馍馍、麻汤饭；

出访上，多次指示要精算代表团饭店入住天数，能省则省，不要浪费，住地不要豪华，干净舒适即可……

一言一行，体现带头贯彻执行中央八项规定的鲜明态度；点滴之间，彰显人民领袖亲近人民的深厚情怀。

2021 年 4 月的一天，习近平总书记来到广西全州县毛竹山村考察，走进村民王德利家中。

从客厅到卫生间，从厨房到熏腊肉的柴房，总书记把家里仔仔细细看了个遍，不时询问有没有热水洗澡、电价贵不贵、自来水从哪来。

“总书记，您平时这么忙，还来看我们，真的感谢您。”王德利由衷地说。

“我忙就是忙这些事，‘国之大者’就是人民的幸福生活。”总书记微笑着回答。

质朴温暖的话语，尽显大党大国领袖担当。10 年来，夙夜在公、日理万机，已成为习近平总书记的工作常态。

2014 年，习近平总书记在接受俄罗斯电视台专访时，风趣地说：“今年春节期间，中国有一首歌，叫《时间都去哪儿了》。对我来说，问题在于我个人的时间都去哪儿了？”

答案是——“都被工作占去了”。他告诉记者：“承担我这样的工作，基本上没有自己的时间。”

自北京一路向南，飞越江河湖海，抵达位于印度洋与太平洋交汇处的巴厘岛，再径直北上，飞抵中南半岛泰国湾畔曼谷……

河北宁晋县纪检干部与税务稽查人员在当地一家超市检查是否有单位公款购买购物卡情况（2018 年 12 月 29 日摄）。新华社记者 牟宇 摄

2022年11月14日至19日，习近平总书记的东南亚之行举世瞩目。6天5夜的时间里，总书记密集出席30多场活动，“忙碌指数”不断攀升，尽显大国领袖“无我”的工作状态。

“您喜欢您的工作吗？您的工作累不累？”2019年，美国伊利诺伊州北奈尔斯高中中文班学生在写给习近平总书记的信中，曾好奇地提问。

“我的工作是为人民服务，很累，但很愉快。”习近平总书记在回信中回答。

以身教者从，以言教者讼。

十年来，以习近平同志为核心的党中央认真贯彻执行中央八项规定及其实施细则，不打折扣、不做变通，以实际行动为全党立起标杆、做好榜样。

凝心聚力　成效卓著

“八项规定改变中国！”这是人民群众发自内心的赞誉。

十年来，以习近平同志为核心的党中央以八项规定为切入点和动员令，动真碰硬、标本兼治，一场激浊扬清的作风之变涤荡神州大地。

——“四风”问题得到有效纠治，清正廉洁的政治生态日益巩固。

浙江省建德市大洋镇位于三江口兰江段，当地土特产大洋螃蟹颇有名气。

“您好，今年蟹卡蟹券销售情况如何？请把销售记录给我们看一下……”今年国庆节，当地纪检监察机关联合职能部门组成专项检查小组，深入辖区各养殖场和大闸蟹专卖店，仔细询问“蟹卡蟹券”的面额、实际售价和销售情况，深挖细查党员干部违规收送“蟹卡蟹券”等“四风”问题。

“节点”就是“考点”。十年来，各地纪检监察机关紧盯违规吃喝、收送礼品礼金等“节日病”，开展明察暗访，对典型案例通报曝光，推动作风建设常态化、长效化。

“查处违反中央八项规定精神问题 7561 起，批评教育帮助和处理 10943 人……”

2022 年 10 月 27 日，中央纪委国家监委公布了今年 9 月全国查处违反中央八项规定精神问题月报数据。这已经是中央纪委国家监委连续公布月报数据的第 109 个月。

抓早抓小、防微杜渐。从遏制“舌尖上的浪费”，到刹住“车轮上的腐败”、整治“会所里的歪风”，再到持续解决形式主义突出问题，深化拓展为基层减负工作……以钉钉子精神纠治“四风”，刹住了一些长期没有刹住的歪风，纠治了一些多年未除的顽瘴痼疾。

——党员干部工作状态持续好转，干事创业的精气神有力提振。

会议套开、信息网上公示、精简材料报送……近年来，内蒙古自治区呼伦贝尔市的基层干部们经历了一系列的“断舍离”，摆脱了文山会海、迎检考核、活动留痕，“松了一大口气”。

以公安部门为例，减负前民警要下片、出警、值班，还要上报材料、迎检考核，身心俱疲。“牧区点远线长，每次要准备应对考核的东西，就没办法完成入户计划。”呼伦贝尔市鄂温克族自治旗公安局民警森布说，基层派出所工作关键在于和群众的交流，减负之后，自己也有了更多的精力为辖区群众办实事儿。

数据显示，截至 2021 年年底，中央和国家机关、省区市文件数量比 2018 年总体减少 50% 以上，会议数量减少 65% 以上，“拉干条”、讲实话成为常态，长会短开、长话短说成为主流。

与此同时，中央和国家机关、省区市督查检查考核事项数量连年下降，总体降幅达到 90% 以上，多头随意、过多过频等问题得到明显改善，督查检查考核更加注重工作实绩，更加注重结果导向，更加注重干部群众评价，更加注重帮助基层解决实际困难。

——群众立场、群众观念日益强化，党的执政根基更加稳固。

“没想到不用出镇，在党群服务中心就办好了营业执照。”

在广东汕尾金厢镇埔边村，村民吴泽焕赶上了个体工商户营业执照审批权限下放到镇街的好政策，“足不出镇”就办好了小吃店的营业执照。

记者了解到，去年以来，汕尾完成镇街体制改革，以“赋权强镇”为重点，推动448项县级执法权限下放到镇街，让企业和百姓办事更省心、省力、省时、省钱。

这是广大党员、干部把作风建设要求转化成为民造福实际行动的一个缩影。十年来，各地区各部门深入基层、走进群众，倾听老百姓真实诉求，解决急难愁盼问题，让人民群众看到了实实在在的变化。

与此同时，深入治理民生领域的“微腐败”、妨碍惠民政策落实的“绊脚石”，专项整治漠视侵害群众利益问题，切实提升了人民群众的获得感、幸福感、安全感。

数据显示，党的十九大以来，全国纪检监察机关共查处民生领域腐败和作风问题53.2万个，给予党纪政务处分48.9万人。

——党风政风引领社风民风向善向上，全社会新风正气不断充盈。

在位于贵州黔东南苗族侗族自治州天柱县坌处镇的三门塘村，“三门塘合约食堂”远近闻名。

走进食堂，右手边厨房内各区域功能分明、窗明几净，左手边区域可供200人用餐，桌椅板凳摆放整齐。走上二楼，几个包间和一间可容纳百余人的会议室装修简约，又不失古色古香。

“有了‘合约食堂’，大家不攀比了。”今年4月，村民彭泽伟为母亲办丧事，向村委会申请后在“合约食堂”办了15桌酒席，“八人一桌、八菜一火锅，够吃不浪费。”

风气之变，正是“厉行节约、反对浪费”理念深入人心的最好见证。十年来，党风政风焕然一新，社风民风持续向好，勤俭节约、不尚浮华，社会主义核心价值观日益深入人心。

“小份菜更适合”“剩菜剩饭可以打包带走”，餐馆里的对话折射风气之变；粽子、月饼、大闸蟹等一度被“天价”异化的食品，又走回了“亲民”路线，重新成为老百姓欢度佳节的应景美味；不少人感叹“过去比谁的车好、排量大，现在都在微信上比谁步数多”……

作风之力量，是人的力量，是精神的力量。培养社会心态、塑造公共精神，八项规定带来的作风之变，正具体而深刻地影响着中国人的生活。

作风建设没有休止符，自我革命永远在路上。实践证明，中央八项规定不是五年、十年的规定，而是长期有效的铁规矩、硬杠杠。

惕厉自省、慎终如始。在以习近平同志为核心的党中央坚强领导下，全党上下团结一心，坚持以严的基调强化正风肃纪，我们党必将以优良作风凝聚起更加磅礴的力量，带领全体人民在实现中华民族伟大复兴中国梦的伟大征程上不断迈向新的胜利！（新华社记者孙少龙、范思翔、张研）

“为官不言”不是个好作风

“不喊号子不拉纤，卷起袖子一边看。”时下，部分党员、干部在推动工作时“不愿说”“不会说”“不敢说”，遇到问题绕着走、碰到难题往后拖，引起群众不满。正值全党深入开展学习贯彻习近平新时代中国特色社会主义思想主题教育之际，要着力破解“为官不言”等现象背后的真问题，切实推动全党积极担当作为，不断开创事业发展新局面。

“不愿说”背后，往往是懒政怠政思想作祟。少数党员、干部信奉“沉默是金”“事不关己，高高挂起”，热衷当“太平官”，不想干事、不愿担责，在开展工作时不愿提出建设性意见，时常推诿拖延，或是为了不出事宁愿不揽事，“揣着明白装糊涂”，明哲保身、得过且过。这次主题教育，要教育引导广大党员、干部突出问题导向，打扫政治灰尘，纠正行为偏差，解决好推、拖、绕以及庸、懒、慢等方面的突出问题。

“不会说”背后，往往是做群众工作本领匮乏。有的党员、干部存在长时间疏远群众、脱离群众问题，“跑上面多、跑基层少、与群众远”。在基层一线直接面对群众时，不会做群众工作，同群众搭不上话、坐不到一条板凳上去。当前，群众工作对象更加多元、群众诉求更加多样、群众工作环境更加复杂，这就要求广大党员、干部切实以主题教育为契机，深入研究和准确把握新形势下群众工作的特点和规律，改进群众工作方法，提高群众工作水平，不断提高服务群众本领、防范化解风险本领。

“不敢说”背后，往往是缺乏担当精神。一些党员、干部在开展工作时回避矛盾，不敢动真碰硬，有风险的不敢干、有难度的不愿干、没先例的不肯干，在发表意见时含含糊糊、不敢表态，在承担工作时瞻前顾后、畏首畏尾。

无论是“不愿说”还是“不会说”抑或“不敢说”，这样的“为官不言”都不是好作风。类似问题尽管只存在于少数党员、干部身上，但任其发展，就会损害党的形象、贻误党的事业，必须认真加以解决。

破解好“为官不言”作风背后的真问题，需要对症下药、综合施治，让广大党员、干部在主题教育中真正学思想、见行动，树立正确的权力观、政绩观、事业观，增强责任感和使命感，提振锐意进取、担当有为的精气神。

与此同时，也应采取有效措施，着力消除影响干部担当作为的各种消极因素，为担当者担当、为负责者负责、为干事者撑腰，让愿担当、敢担当、善担当蔚然成风。

“为学之实，固在践履。”广大党员、干部要贯彻好这次主题教育“学思想、强党性、重实践、建新功”的总要求，不断从习近平新时代中国特色社会主义思想中汲取奋发进取的智慧和力量，熟练掌握其中蕴含的领导方法、思想方法、工作方法，不断提高履职尽责的能力和水平，凝心聚力促发展，驰而不息抓落实，立足岗位作贡献，力争创造出更多经得起历史和人民检验的实绩。（新华社记者梁建强）

中央纪委国家监委公开通报十起违反中央八项规定精神典型问题

“五一”、端午节假将至，落实中央八项规定精神必须坚守节点、寸步不让。日前，中央纪委国家监委对10起违反中央八项规定精神典型问题进行公开通报。具体如下：

北京市政协原副主席于鲁明违规收受礼品、礼金，接受可能影响公正执行公务的宴请问题。2013年至2022年，于鲁明先后收受礼品、礼金折合共计59万元；多次接受私营企业主在公司内部场所安排的宴请，饮用高档酒水。于鲁明还存在其他严重违纪违法问题，被开除党籍、开除公职，涉嫌犯罪问题被移送检察机关依法审查起诉。

辽宁省政协原党组副书记、副主席孙远良违规收受礼金，接受可能影响公正执行公务的宴请问题。2013年至2022年，孙远良先后收受礼金共计143万余元；多次接受私营企业主在公司食堂安排的宴请，饮用高档酒水，相关费用均由私营企业主支付。孙远良还存在其他严重违纪违法问题，被开除党籍，涉嫌犯罪问题被移送检察机关依法审查起诉。

福建省厦门市人大常委会原主任陈家东违规收受礼品，接受可能影响公正执行公务的宴请，搞劳民伤财的“政绩工程”“形象工程”问题。2013年至2022年，陈家东先后收受礼品折合共计72万余元；多次接受私营企业主在家中、公司内部餐厅或高档酒店安排的宴请，饮用高档酒水；为追求短时间内出"政绩"，盲目决策新建6座驿站，建成后大多逐渐荒废；设计并建设歌剧院项目，因投资规模太大、不符合实际，最终沦为"半拉子工程"。陈家东还存在其他严重违纪违法问题，被开除党籍、开除公职，涉嫌犯罪问题被移送检察机关依法审查起诉。

文化和旅游部原党组副书记、副部长李金早违规收受礼品，接受可能影响公正执行公务的宴请问题。2013年至2020年，李金早先后收受礼品折合共计44万余元；与家人多次接受私营企业主在酒店、公司内部食堂安排的宴请，饮用高档酒水。李金早还存在其他严重违纪违法问题，被开除党籍、开除公职，判处有期徒刑十五年，并处罚金人民币600万元。

中国联合网络通信集团有限公司原党组副书记、总经理、董事李国华违规收受礼品、礼金，接受可能影响公正执行公务的宴请，公款旅游问题。2013年至2019年，李国华先后收受礼品、礼金折合共计263万余元；多次接受管理和服务对象安排的宴请；与家人赴陕西旅游，相关费用由管理和服务对象用公款报销。李国华还存在其他严重违纪违法问题，被开除党籍，涉嫌犯罪问题被移送检察机关依法审查起诉。

中国人民银行机关服务中心原党委书记、主任牟善刚违规收受礼品、礼金，接受可能影响公正执行公务的宴请和旅游、娱乐活动安排，超标准使用办公用房，违规使用公车问题。2013年至2021年，牟善刚多次收受礼金和高档烟酒等礼品；多次接受私营企业主安排的宴请、打高尔夫球等娱乐活动；与家人多次接受私营企业主安排，赴云南、海南等地旅游；擅自打开、使用其办公室内原封锁的、使用面积超标的套间；公车改革后仍安排工作人员固定为其开车。牟善刚还存在其他严重违纪违法问题，被开除党籍、开除公职，判处有期徒刑十三年，并处罚金人民币140万元。

河北省廊坊市委原常委、统战部原部长，大厂回族自治县委原书记谷正海违规收受礼金，接受可能影响公正执行公务的宴请，盲目上项目、搞“形象工程”问题。2013 年至 2021 年，谷正海多次收受礼金，多次接受私营企业主在公司内部餐厅安排的宴请，饮用高档酒水；任三河市委副书记、市长期间，未经论证和规划审批、招投标等程序，违规擅自决定使用集体土地建设体育场及配套工程，竣工后室外足球场、网球场、篮球场等一直处于闲置状态，给国家、集体财产造成损失。谷正海还存在其他严重违纪违法问题，被开除党籍、开除公职，涉嫌犯罪问题被移送检察机关依法审查起诉。

重庆市公安局交巡警总队原党委书记、总队长陈军违规收受礼金，违规出入私人会所，接受可能影响公正执行公务的旅游安排问题。2013 年至 2021 年，陈军多次收受礼金，带领下属接受私营企业主在私人会所安排的宴请；多次接受私营企业主安排，赴福建晋江、厦门等地旅游，相关费用均由私营企业主支付。陈军还存在其他严重违纪违法问题，被开除党籍、开除公职，涉嫌犯罪问题被移送检察机关依法审查起诉。

宁夏回族自治区中卫市委原书记何健违规收受礼品、礼金，接受可能影响公正执行公务的宴请，调研流于形式，贯彻落实新发展理念不力，搞“政绩工程”问题。2015 年至 2021 年，何健先后收受礼品、礼金折合共计 34 万余元；多次接受私营企业主在高档酒店、别墅安排的宴请；在多次环保问题调研中搞“程式化”的工作方案和“精心”设计的调研路线；不顾生态环境实际，盲目铺摊子、上项目，引进一大批高耗能、高污染、高排放的工业项目，搞“政绩工程”。何健还存在其他严重违纪违法问题，被开除党籍、开除公职，涉嫌犯罪问题被移送检察机关依法审查起诉。

河南省中原信托有限公司原党委书记、董事长赵卫华违规收受礼品、礼金，接受可能影响公正执行公务的宴请和旅游安排问题。2015

年至2022年，赵卫华先后收受礼金、消费卡共计45万元和高档白酒20箱；多次接受私营企业主安排的宴请；与家人接受管理和服务对象安排，赴国外旅游。赵卫华还存在其他严重违纪违法问题，被开除党籍、开除公职，涉嫌犯罪问题被移送检察机关依法审查起诉。

中央纪委国家监委指出，强国建设、民族复兴的新征程呼唤新气象新作为，必须驰而不息纠“四风”树新风，推动落实中央八项规定精神由徙木立信到化风成俗。上述通报的10起案例凸显了“四风”问题仍然顽固复杂，顶风违纪问题时有发生，隐形变异行为潜滋暗长，由风及腐、风腐一体现象较为突出。各级党组织要时刻保持解决大党独有难题的清醒和坚定，发扬彻底的自我革命精神，始终将中央八项规定作为长期有效的铁规矩、硬杠杠，把高的标准立起来，把严的要求落下去，抓紧抓实抓出成效。各级纪检监察机关要把纠治“四风”情况作为检验主题教育、教育整顿成效的重要标尺，对落实中央八项规定精神盯紧看牢，决不留回旋余地、变通空间，对享乐主义、奢靡之风露头就打，扭住违规吃喝、违规收送礼品礼金等突出问题深化整治，坚决破解积习难改、隐形变异的顽瘴痼疾，决不允许死灰复燃，决不允许旧弊未除、新弊又生。要把纠治形式主义、官僚主义摆在更加突出位置，紧扣“国之大者”找准工作切入点着力点，精准纠治不作为乱作为、加重基层负担的不正之风等突出问题，推动广大党员干部坚决落实“三个务必”重要要求，廉洁奉公树立新风，不断汇聚团结奋斗的强大正能量。

中央纪委国家监委强调，节日风气是干部群众观察党风政风的重要窗口，必须看住节点、串点成线、久久为功，以节日风气的持续向好不断赢得群众的信任信赖。要坚守“五一”、端午节点，紧盯领导机关和领导干部，紧盯违规公款吃喝、在隐蔽场所接受宴请、“舌尖上的浪费”、以电子红包和快递物流方式“隔空送礼”、公车私用、违规操办婚丧喜庆等节日多发问题，以及隐藏在高档酒、“天价茶”、奢华包装背后的享乐奢靡现象，加强监督检查，从严从重查处违规违纪行为，深挖细查背后是否存在利益勾兑、权钱交易等问题，及时通报典型案例，坚决防止“四风”问题反弹回潮，以有力有效的举措确保节日期间风清气正。（新华社记者）

风清气正过好节

中秋、国庆节前夕，中央纪委国家监委公开通报七起违反中央八项规定精神典型问题，充分彰显党中央一以贯之从严推动落实中央八项规定精神的坚定意志。节日是观察党风政风的窗口，是检验正风肃纪成效的试金石。佳节将至，落实中央八项规定精神必须严字当头、毫不松懈，风清气正过好节。

制定实施中央八项规定是我们党在新时代的徙木立信之举。“十年磨一剑”取得显著成效，但顶风违纪现象时有发生，隐形变异行为潜滋暗长。有的在隐蔽场所违规接受宴请，有的违规收送礼品礼金，有的趁节假操办婚喜宴敛财……节日期间往往是“四风”问题易发多发期，抓住节日特点、紧盯最新苗头，把严的态度亮出来、严的标准立起来、严的纪律执行起来，才能筑牢反腐倡廉的堤坝。

作风建设不是一朝一夕之事，需要绵绵用力、久久为功。持续净化节日风气，要聚焦节日期间易发多发的作风顽疾，靶向发力、重点突破。对享乐奢靡歪风露头就打，对隐形变异新动向时刻防范，对顶风违纪行为从严查处，无论职务高低，谁违反了规定就严肃处理谁，执纪坚决“零容忍”。与此同时，还需及时通报曝光典型案例，持续释放严的强烈信号，不断强化警示震慑。

领导干部等“关键少数”必须发挥模范带头作用，既要严于律己，也要严负其责，还要严管所辖。一级带一级、一级抓一级，从思想上正本清源、固本培元，有效推动形成清清爽爽的同志关系、规规矩矩的上下级关系、亲清统一的新型政商关系。广大党员要自觉弘扬清廉之风，养成简朴之风，当好良好政治生态和社会风气的引领者、营造者、维护者。

当前全党开展主题教育的一个重要目标就是廉洁奉公树立新风。越是临近节日，越是要绷紧弦拉满弓驰而不息纠“四风”，以节日风气之变，不断推动党风政风持续向好。（新华社记者刘怀丕、翟濯）

医疗反腐剑指利益输送“新马甲”

医疗反腐剑指利益输送“新马甲”。《经济参考报》记者调研了解到，近期公布的多起医疗领域腐败案例显示，利益输送方式更隐蔽，行贿受贿双方躲避监管手段翻新。“两票制”和集采后，一些药企转向生产环节套取资金以行贿赂，未纳入集采范围的药品、医疗器械成为医疗腐败危险区。

受访人士建议，新形势下，医疗反腐需紧盯“关键少数”“重点穴位”“长期不变”三个风险点。要打击和预防并举，监督前移、以医养医、事后重罚，让相关主体不敢腐、不能腐、不想腐。

30 余名医院负责人落马

据不完全统计，今年以来已有超过30名医院院长、党委书记落马。随着相关案件查处力度不断加大，医疗腐败路径更隐蔽、复杂，呈现一些新特点。

利益输送愈发隐蔽，调查取证难度大。各地加大打击医疗领域利益输送腐败行为，但仍有不少药企和医务工作者铤而走险，行贿受贿手段更隐蔽。黑龙江省大兴安岭地区呼中区人民医院原院长贺宪伟在收受回扣时选择无摄像头处、要求与药商单独见面、每次使用不同号码，而行贿的药商以其特殊关系人作为“马甲”。还有企业以科研经费、研讨会经费、无偿捐助等名目，向医疗机构行利益输送之实。

虚高价格采购原料药，套取资金用于贿赂。多名医疗机构内部人士向《经济参考报》记者反映，实行“两票制”和集采后，药品、医疗器械中间环节赚差价的问题确有缓解，但一些药企转向虚高价格采购原料药，伙同经销商套取资金用于贿赂。国家医保局于 2022 年 8 月通报，2017 年至 2021 年 5 月，广州白云山天心制药股份有限公司等 3 家药企为规避“两票制”，与下游 50 多家药品代理商串通，对 87 种药品用虚高价格采购原料药的方式套现，并向下游代理商转移巨额资金，其中部分资金用于行贿医务人员或特定关系人，开展药品违规促销。

未进入集采的药品器械仍有寻租空间。江苏一名长期代理医疗领域商业贿赂案件的律师介绍，对已纳入集采范围的药品、医疗器械，药企已无商业贿赂推广的需求，但在未纳入集采的药品器械领域，仍存在吃回扣等商业贿赂现象。例如，国家组织高值医用耗材联合采购办公室监测发现，冠脉支架集采降价后，未纳入集采、高达 2 万元左右的药物球囊成为一些医生的新宠，虽使用总量不大，但增速很快，不排除背后有其他非正常因素。

医疗反腐需长期关注三大风险点

医疗领域专业性较强，但贪腐手段再隐蔽，总会留下痕迹，人、财、物管理仍是重点廉政风险点。

“关键少数”腐败隐患大。据不完全统计，2022 年各地累计有 55 名院长、书记被查，今年以来已有 30 多位医院负责人被查，大多来自县级医院，也不乏高层级医院。医院管理权限集中于“一把手”，在缺乏针对“一把手”的监督下，容易异化为“一把手”说了算，廉政风险非常大。“医生和院领导收受回扣是在看不见的角落里流行的‘潜规则’，加之长期以来公立医院纪委书记多是从医院内部成长起来的，公立医院内部监督乏力。”东部某地纪委监委相关负责人表示，打击医疗腐败要防止形成以“一把手”为中心的关系网、利益链，避免权力固化滋生腐败。

“重点穴位”易滋生腐败。记者梳理发现，近期公开通报的多起医疗腐败案件，不少与医院工程建设相关。2023 年 1 月，山东省纪委监委发布消息，滨州市第二人民医院原党委书记、院长侯月智因违规干预和插手工程建设、医疗设备采购项目招投标活动等被开除党籍和公职。疫情防控优化以来，公立医院迎来一波新基建潮，加上互联网医院、信息化建设带来的医院系统更新等项目，都可能滋生新一轮招标腐败。虽有招投标制度，但披着合法外衣围标串标牟取非法利益仍具有较大操作空间。设备科、基建科与信息科恐将成为新“高危”科室。

“长期不变”需重点关注。由于医疗行业专业性强、技术壁垒高，存在大量信息差，滋生出一些“隐性腐败”，如由处方权、手术权诱发的腐败等，往往难以发现和治理，有时就连其他科室医生也难以察觉。浙江省玉环市纪委监委负责人在接受媒体采访时表示，办理医疗腐败案件，“长期不变”是重要突破口，如从医疗机构长期合作的药企、常年不轮换的岗位、频繁存在的外出培训等细节入手，着重分析通话单、账单，围绕重点岗位轮岗、科研学术活动、职工借款欠款等异常数据，梳理倒查利益输送，往往能发现腐败问题。

打击和预防并举 系统治理医疗腐败

业界呼吁，治理医疗领域腐败乱象，行业主管部门和纪委监委在保持打击医疗腐败高压态势的同时，应探索预防机制、注重源头治理，从制度设计上让相关主体不敢腐、不能腐、不想腐。

纪检监督前移构建防范机制。无锡市纪委监委相关负责人表示，为形成靠制度管权、管事、管人的长效机制，建议纪委监委在各公立医院设立常驻机构监察专员办公室，与医院纪委合署办公，各医院纪委书记兼任监察专员，由市纪委监委直接任命、直接管理、直接考核，可推动破解医院内部监督“宽松软”问题。同时，公立医院“一把手”应实行轮岗任职制度。

“以医养医”体现医疗服务价值。多名接受采访的公立三甲医院医生反映，集采后医疗服务定价调整滞后，医疗服务价格未合理上升。他们建议，及时、科学调整医疗服务价格，使医务人员医疗服务价值得到体现，减少寻租冲动和医疗腐败行为。

建立“黑名单”及从业禁止处罚制度。专家建议，探索建立“医疗卫生系统行贿、受贿不良记录数据库”，建立和完善对行贿人、受贿人的从业禁止处罚制度。将违法违规的医务人员列入“黑名单”，情节特别严重的，强制性永久退出医疗卫生领域，加大处罚力度，提高医疗机构人员违法犯罪成本。（新华社记者郑生竹、邱冰清）

医疗反腐既要“疾风之力”更要久久为功

医疗系统反腐风暴仍在继续。湘雅三医院被举报的科主任停诊，揭阳市人民医院原党委书记、院长在忏悔中自述收受供应商大量黄金和现金，白大褂被染成金黄色……一条接一条热搜引人深思，这些白衣天使何以陷入贪腐的“黑色漩涡”？这给整个医疗行业敲响警钟：既要以疾风之力彻底切断贪腐利益链条，更要持之以恒、久久为功，真正推动行业风气发生系统性转变。

自古以来，医者就是悬壶济世的生命救治者。白衣天使是隧道尽头的光，驱散笼罩在人们心头的阴霾，为患者点亮温暖与希望。医术高明的医生更能妙手回春，将病人从死亡线上拉回来。然而，在这次医疗行业反腐风暴中，“落马”的不少是医院领导、科室主任、著名专家，令人扼腕。

有媒体统计，截至目前，全国已公开通报被查的医院院长、书记多达 160 余位。仅在 8 月 10 日一天，就有黑龙江省七台河市人民医院原院长王群，广东揭阳市妇幼保健院原党支部书记、院长刘建志两人涉嫌违纪违法被通报。

能力越大理应责任越大，而非手伸得越长。位高权重、医术高明绝不是贪腐的理由和借口。他们本应在救死扶伤的道路上走得更远，为更多患者祛除病痛，攻克更多医学难题，培育更多优秀新人。然而在利益的诱惑面前，这些“高水平选手”依然迷失自我，坠入深渊。

医疗领域反腐暴露出的严峻问题，使外界深刻地认识到，面对群众迫切期盼、社会高度关注，医疗领域反腐等不得、缓不得，必须以雷霆万钧之势，重拳出击，做到“秋风扫落叶”，尽快还医疗行业一个风清气正的环境。

治标更要治本，要持之以恒，从根本上扭转歪风邪气，还医疗行业清朗空间。当务之急，要彻底打破所谓行业“潜规则”坚冰，进一步明确医药行业须在法律法规的制度框架内运行，划清“红线”“底线”“高压线”。坚决杜绝将职务权力、医术，超越法律框架变现。

从通报的案件细节看，有药企通过举办学术会议，存在以会议赞助费、专家讲课费、培训费等方式为行贿披上“合法外衣”的情形；还有部分药企账目中存在明显过高的“公关费”。对这些变种行贿行为更要保持高度警惕，通过织牢制度大网，利用各种先进技术手段，严格加强对医药企业药品销售方式的规范，使医疗行业的贪腐行为无处遁形。

形成持久、有力的综合监督机制不可或缺。这段时间，医疗领域反腐风暴下，多地医疗机构迅速开启自查自纠，公布监督举报电话，效果明显。可见反腐在医疗系统已经形成广泛共识，得到广大基层医务人员的支持。着眼长远，还要努力推动形成综合监督机制，让不敢腐、不能腐、不想腐蔚然成风。

医德的培育也不应被忽视。医疗不同于其他行业，一旦失德，将带来极为严重的后果。要借这次反腐风暴之机，积极传承和发扬优良的医德医风，恪守服务宗旨，倡导廉洁自律，提高服务质量，真正将患者放在心上。对于医疗机构来说，还需积极探索让医务人员有阳光体面的收入，保障好医务人员的基本权利，真正与劳动付出成正比。

持之以恒反腐，多举措形成合力，推动医疗改革不断走向纵深，彻底斩断吸附在行业上的灰色利益链条，让医疗资源得到更公正、更合理的配置，让普通人不因腐败“加价”吃不起药、看不起病，这是全社会需要携手努力的方向。（新华社记者）

体育反腐，正本清源

习近平总书记指出，体育是提高人民健康水平的重要途径，是满足人民群众对美好生活向往、促进人的全面发展的重要手段，是促进经济社会发展的重要动力，是展示国家文化软实力的重要平台。体育事业的健康发展需要一个清正廉洁的环境。针对体育领域腐败现象，党中央正通过多种手段，坚定不移加以惩治。

体育反腐，兹事体大

党的十八大以来，以习近平同志为核心的党中央高度关心和重视体育事业。10 年来，体育强国、健康中国建设蹄疾步稳，全民健身、竞技体育、体育产业等协调发展。要进一步保证体育事业发展风清气正，体育经济发展活力四射，人民群众从体育活动中获取凝聚力和自豪感，就必须坚决铲除体育领域的各种腐败现象。

以体育比赛腐败为例。如果比赛赛事受到操控，体育竞技将丧失公正性和竞争性。同时，违背体育竞技宗旨的比赛，也将丧失赛事品质、观赛体验，变得毫无价值和意义，这不利于体育产业发展。更重要的是，体育竞技活动是一个展示国家文化软实力的重要平台，体育腐败现象严重损害国家形象。

坚决推进体育反腐，保障体育事业蓬勃健康发展，还必须站在人民群众对美好生活向往的高度看待。体育是提升全民健康和素质的关键领域。2022 年发布的《关于构建更高水平的全民健身公共服务体系的意见》要求，到 2025 年，更高水平的全民健身公共服务体系基本建立，人均体育场地面积达到 2.6 平方米，经常参加体育锻炼人数比例达到 38.5%。到 2035 年，与社会主义现代化国家相适应的全民健身公共服务体系全面建立，经常参加体育锻炼人数比例达到 45% 以上，体育健身和运动休闲成为普遍生活方式，人民身体素养和健康水平居于世界前列。由此看来，我国迈向体育强国、建设健康中国，既是追求更快、更高、更强、更团结的健康之路，也是更好适应现代化建设需要的发展之路。在这一过程中，决不允许腐败污染体育事业。

多举措、出重拳推进体育反腐

从 2022 年 11 月 26 日，中国男足原主教练李铁接受监察调查，到 2023 年 4 月 1 日，国家体育总局党组成员、副局长杜兆才接受纪律审查和监察调查，体育领域严肃查处多起案件，彰显了党中央坚决推进体育反腐的坚强决心。

重点领域反腐，当以猛药去疴、重拳治理。针对当前“三大球”工作中存在的精神不振、正气不足、作风不硬等突出问题，国家体育总局局长高志丹表示，坚决打击、严厉惩处足球和其他领域的腐败和“假赌黑”问题，全面修复重构“三大球”健康持续发展的良好生态。

体育反腐，采取政治巡视、纪法结合等方式实施常态化治理。近期，二十届中央第一轮巡视安排对国家体育总局党组开展机动巡视，坚持严的基调、深入推进体育领域全面从严治党。过去一年，国家体育总局系统立案审查调查违纪问题 12 件，处分党员干部 10 人，诫勉 6 人。

体育反腐，须加大制度反腐、法治反腐力度。目前，我国体育领域正在不断强化腐败治理的法制保障。比如，通过完善相关法律法规、加强监管机制、建立举报平台等措施，提高体育领域的透明度和公正性，运用立法、执法、司法等法治手段严惩体育腐败犯罪，让违法犯罪行为无处遁形。

2023 年 1 月 1 日，新修订的《中华人民共和国体育法》施行。这是该法自 1995 年颁布施行后，时隔近 27 年后进行的第一次全面系统修订，增设了“反兴奋剂”“体育仲裁”“体育产业”“监督管理”4 章，构建起较为完善的体育法治基本框架。（《半月谈》记者许东远、兰天鸣）

附录

《中国共产党纪律处分条例》

（2003 年 12 月 23 日中共中央政治局会议审议批准 2003 年 12 月 31 日中共中央发布 2023 年 12 月 8 日中共中央政治局会议第三次修订 2023 年 12 月 19 日中共中央发布）

第一编 总则

第一章 总体要求和适用范围

第一条 为了维护党章和其他党内法规，严肃党的纪律，纯洁党的组织，保障党员民主权利，教育党员遵纪守法，维护党的团结统一，保证党的理论、路线、方针、政策、决议和国家法律法规的贯彻执行，根据《中国共产党章程》，制定本条例。

第二条 党的纪律建设必须坚持以马克思列宁主义、毛泽东思想、邓小平理论、“三个代表”重要思想、科学发展观、习近平新时代中国特色社会主义思想为指导，坚持和加强党的全面领导，坚决维护习近平总书记党中央的核心、全党的核心地位，坚决维护以习近平同志为核心的党中央权威和集中统一领导，弘扬伟大建党精神，坚持自我革命，贯彻全面从严治党战略方针，落实新时代党的建设总要求，推动解决大党独有难题、健全全面从严治党体系，全面加强党的纪律建设，为以中国式现代化全面推进强国建设、民族复兴伟业提供坚强纪律保障。

第三条 党章是最根本的党内法规，是管党治党的总规矩。党的纪律是党的各级组织和全体党员必须遵守的行为规则。党组织和党员必须坚守初心使命，牢固树立政治意识、大局意识、核心意识、看齐意识，始终坚定道路自信、理论自信、制度自信、文化自信，切实践行正确的权力观、政绩观、事业观，自觉遵守和维护党章，严格执行和维护党的纪律，自觉接受党的纪律约束，模范遵守国家法律法规。

第四条 党的纪律处分工作遵循下列原则：

（一）坚持党要管党、全面从严治党。把严的基调、严的措施、严的氛围长期坚持下去，加强对党的各级组织和全体党员的教育、管理和监督，把纪律挺在前面，抓早抓小、防微杜渐。

（二）党纪面前一律平等。对违犯党纪的党组织和党员必须严肃、公正执行纪律，党内不允许有任何不受纪律约束的党组织和党员。

（三）实事求是。对党组织和党员违犯党纪的行为，应当以事实为依据，以党章、其他党内法规和国家法律法规为准绳，执纪执法贯通，准确认定行为性质，区别不同情况，恰当予以处理。

（四）民主集中制。实施党纪处分，应当按照规定程序经党组织集体讨论决定，不允许任何个人或者少数人擅自决定和批准。上级党组织对违犯党纪的党组织和党员作出的处理决定，下级党组织必须执行。

（五）惩前毖后、治病救人。处理违犯党纪的党组织和党员，应当实行惩戒与教育相结合，做到宽严相济。

第五条　深化运用监督执纪“四种形态”，经常开展批评和自我批评，及时进行谈话提醒、批评教育、责令检查、诫勉，让“红红脸、出出汗”成为常态；党纪轻处分、组织调整成为违纪处理的大多数；党纪重处分、重大职务调整的成为少数；严重违纪涉嫌犯罪追究刑事责任的成为极少数。

第六条　本条例适用于违犯党纪应当受到党纪责任追究的党组织和党员。

第二章　违纪与纪律处分

第七条　党组织和党员违反党章和其他党内法规，违反国家法律法规，违反党和国家政策，违反社会主义道德，危害党、国家和人民利益的行为，依照规定应当给予纪律处理或者处分的，都必须受到追究。

重点查处党的十八大以来不收敛、不收手，问题线索反映集中、群众反映强烈，政治问题和经济问题交织的腐败案件，违反中央八项规定精神的问题。

第八条 对党员的纪律处分种类：

（一）警告；

（二）严重警告；

（三）撤销党内职务；

（四）留党察看；

（五）开除党籍。

第九条 对于违犯党纪的党组织，上级党组织应当责令其作出书面检查或者给予通报批评。对于严重违犯党纪、本身又不能纠正的党组织，上一级党的委员会在查明核实后，根据情节严重的程度，可以予以：

（一）改组；

（二）解散。

第十条 党员受到警告处分一年内、受到严重警告处分一年半内，不得在党内提拔职务或者进一步使用，也不得向党外组织推荐担任高于其原任职务的党外职务或者进一步使用。

第十一条 撤销党内职务处分，是指撤销受处分党员由党内选举或者组织任命的党内职务。对于在党内担任两个以上职务的，党组织在作处分决定时，应当明确是撤销其一切职务还是一个或者几个职务。如果决定撤销其一个职务，必须撤销其担任的最高职务。如果决定撤销其两个以上职务，则必须从其担任的最高职务开始依次撤销。对于在党外组织担任职务的，应当建议党外组织撤销其党外职务。

对于在立案审查中因涉嫌违犯党纪被免职的党员，审查后依照本条例规定应当给予撤销党内职务处分的，应当按照其原任职务给予撤销党内职务处分。对于应当受到撤销党内职务处分，但是本人没有担任党内职务的，应当给予其严重警告处分。同时，在党外组织担任职务的，应当建议党外组织撤销其党外职务。

党员受到撤销党内职务处分，或者依照前款规定受到严重警告处分的，二年内不得在党内担任和向党外组织推荐担任与其原任职务相当或者高于其原任职务的职务。

第十二条 留党察看处分，分为留党察看一年、留党察看二年。对于受到留党察看处分一年的党员，期满后仍不符合恢复党员权利条件的，应当延长一年留党察看期限。留党察看期限最长不得超过二年。

党员受留党察看处分期间，没有表决权、选举权和被选举权。留党察看期间，确有悔改表现的，期满后恢复其党员权利；坚持不改或者又发现其他应当受到党纪处分的违纪行为的，应当开除党籍。

党员受到留党察看处分，其党内职务自然撤销。对于担任党外职务的，应当建议党外组织撤销其党外职务。受到留党察看处分的党员，恢复党员权利后二年内，不得在党内担任和向党外组织推荐担任与其原任职务相当或者高于其原任职务的职务。

第十三条 党员受到开除党籍处分，五年内不得重新入党，也不得推荐担任与其原任职务相当或者高于其原任职务的党外职务。另有规定不准重新入党的，依照规定。

第十四条 党员干部受到党纪处分，需要同时进行组织处理的，党组织应当按照规定给予组织处理。

党的各级代表大会的代表受到留党察看以上处分的，党组织应当终止其代表资格。

第十五条 对于受到改组处理的党组织领导机构成员，除应当受到撤销党内职务以上处分的外，均自然免职。

第十六条 对于受到解散处理的党组织中的党员，应当逐个审查。其中，符合党员条件的，应当重新登记，并参加新的组织过党的生活；不符合党员条件的，应当对其进行教育、限期改正，经教育仍无转变的，予以劝退或者除名；有违纪行为的，依照规定予以追究。

第三章 纪律处分运用规则

第十七条 有下列情形之一的，可以从轻或者减轻处分：

（一）主动交代本人应当受到党纪处分的问题；

（二）在组织谈话函询、初步核实、立案审查过程中，能够配合核实审查工作，如实说明本人违纪违法事实；

（三）检举同案人或者其他人应当受到党纪处分或者法律追究的问题，经查证属实，或者有其他立功表现；

（四）主动挽回损失、消除不良影响或者有效阻止危害结果发生；

（五）主动上交或者退赔违纪所得；

（六）党内法规规定的其他从轻或者减轻处分情形。

第十八条 根据案件的特殊情况，由中央纪委决定或者经省（部）级纪委（不含副省级市纪委）决定并呈报中央纪委批准，对违纪党员也可以在本条例规定的处分幅度以外减轻处分。

第十九条 对于党员违犯党纪应当给予警告或者严重警告处分，但是具有本条例第十七条规定的情形之一或者本条例分则中另有规定的，可以给予批评教育、责令检查、诫勉或者组织处理，免予党纪处分。对违纪党员免予处分，应当作出书面结论。

党员有作风纪律方面的苗头性、倾向性问题或者违犯党纪情节轻微的，可以给予谈话提醒、批评教育、责令检查等，或者予以诫勉，不予党纪处分。

党员行为虽然造成损失或者后果，但不是出于故意或者过失，而是由于不可抗力等原因所引起的，不追究党纪责任。

第二十条 有下列情形之一的，应当从重或者加重处分：

（一）强迫、唆使他人违纪；

（二）拒不上交或者退赔违纪所得；

（三）违纪受处分后又因故意违纪应当受到党纪处分；

（四）违纪受处分后，又被发现其受处分前没有交代的其他应当受到党纪处分的问题；

（五）党内法规规定的其他从重或者加重处分情形。

第二十一条 党员在党纪处分影响期内又受到党纪处分的，其影响期为原处分尚未执行的影响期与新处分影响期之和。

第二十二条 从轻处分，是指在本条例规定的违纪行为应当受到的处分幅度以内，给予较轻的处分。

从重处分，是指在本条例规定的违纪行为应当受到的处分幅度以内，给予较重的处分。

第二十三条 减轻处分，是指在本条例规定的违纪行为应当受到的处分幅度以外，减轻一档给予处分。

加重处分，是指在本条例规定的违纪行为应当受到的处分幅度以外，加重一档给予处分。

本条例规定的只有开除党籍处分一个档次的违纪行为，不适用第一款减轻处分的规定。

第二十四条 一人有本条例规定的两种以上应当受到党纪处分的违纪行为，应当合并处理，按其数种违纪行为中应当受到的最高处分加重一档给予处分；其中一种违纪行为应当受到开除党籍处分的，应当给予开除党籍处分。

第二十五条 一个违纪行为同时触犯本条例两个以上条款的，依照处分较重的条款定性处理。

一个条款规定的违纪构成要件全部包含在另一个条款规定的违纪构成要件中，特别规定与一般规定不一致的，适用特别规定。

第二十六条 二人以上共同故意违纪的，对为首者，从重处分，本条例另有规定的除外；对其他成员，按照其在共同违纪中所起的作用和应负的责任，分别给予处分。

对于经济方面共同违纪的，按照个人参与数额及其所起作用，分别给予处分。对共同违纪的为首者，情节严重的，按照共同违纪的总数额处分。

教唆他人违纪的，应当按照其在共同违纪中所起的作用追究党纪责任。

第二十七条 党组织领导机构集体作出违犯党纪的决定或者实施其他违犯党纪的行为，对具有共同故意的成员，按共同违纪处理；对过失违纪的成员，按照各自在集体违纪中所起的作用和应负的责任分别给予处分。

第四章 对违法犯罪党员的纪律处分

第二十八条 对违法犯罪的党员，应当按照规定给予党纪处分，做到适用纪律和适用法律有机融合，党纪政务等处分相匹配。

第二十九条 党组织在纪律审查中发现党员有贪污贿赂、滥用职权、玩忽职守、权力寻租、利益输送、徇私舞弊、浪费国家资财等违反法律涉嫌犯罪行为的，应当给予撤销党内职务、留党察看或者开除党籍处分。

第三十条 党组织在纪律审查中发现党员有刑法规定的行为，虽不构成犯罪但须追究党纪责任的，或者有其他破坏社会主义市场经济秩序、违反治安管理等违法行为，损害党、国家和人民利益的，应当视具体情节给予警告直至开除党籍处分。

违反国家财经纪律，在公共资金收支、税务管理、国有资产管理、政府采购管理、金融管理、财务会计管理等财经活动中有违法行为的，依照前款规定处理。

党员有嫖娼或者吸食、注射毒品等丧失党员条件，严重败坏党的形象行为的，应当给予开除党籍处分。

第三十一条 党组织在纪律审查中发现党员严重违纪涉嫌违法犯罪的，原则上先作出党纪处分决定，并按照规定由监察机关给予政务处分或者由任免机关（单位）给予处分后，再移送有关国家机关依法处理。

第三十二条 党员被依法留置、逮捕的，党组织应当按照管理权限中止其表决权、选举权和被选举权等党员权利。根据监察机关、司法机关处理结果，可以恢复其党员权利的，应当及时予以恢复。

第三十三条 党员犯罪情节轻微，人民检察院依法作出不起诉决定的，或者人民法院依法作出有罪判决并免予刑事处罚的，应当给予撤销党内职务、留党察看或者开除党籍处分。

党员犯罪，被单处罚金的，依照前款规定处理。

第三十四条 党员犯罪，有下列情形之一的，应当给予开除党籍处分：

（一）因故意犯罪被依法判处刑法规定的主刑（含宣告缓刑）；

（二）被单处或者附加剥夺政治权利；

（三）因过失犯罪，被依法判处三年以上（不含三年）有期徒刑。

因过失犯罪被判处三年以下有期徒刑或者被判处管制、拘役的，一般应当开除党籍。对于个别可以不开除党籍的，应当对照处分违纪党员批准权限的规定，报请再上一级党组织批准。

第三十五条 党员依法受到刑事责任追究的，党组织应当根据司法机关的生效判决、裁定、决定及其认定的事实、性质和情节，依照本条例规定给予党纪处分，是公职人员的由监察机关给予相应政务处分或者由任免机关（单位）给予相应处分。

党员依法受到政务处分、任免机关（单位）给予的处分、行政处罚，应当追究党纪责任的，党组织可以根据生效的处分、行政处罚决定认定的事实、性质和情节，经核实后依照规定给予相应党纪处分或者组织处理。其中，党员依法受到撤职以上处分的，应当依照本条例规定给予撤销党内职务以上处分。

党员违反国家法律法规、企事业单位或者其他社会组织的规章制度受到其他处分，应当追究党纪责任的，党组织在对有关方面认定的事实、性质和情节进行核实后，依照规定给予相应党纪处分或者组织处理。

党组织作出党纪处分或者组织处理决定后，监察机关、司法机关、行政机关等依法改变原生效判决、裁定、决定等，对原党纪处分或者组织处理决定产生影响的，党组织应当根据改变后的生效判决、裁定、决定等重新作出相应处理。

第五章 其他规定

第三十六条 预备党员违犯党纪，情节较轻，可以保留预备党员资格的，党组织应当对其批评教育或者延长预备期；情节较重的，应当取消其预备党员资格。

第三十七条 对违纪后下落不明的党员，应当区别情况作出处理：

（一）对有严重违纪行为，应当给予开除党籍处分的，党组织应当作出决定，开除其党籍；

（二）除前项规定的情况外，下落不明时间超过六个月的，党组织应当按照党章规定对其予以除名。

第三十八条 违纪党员在党组织作出处分决定前死亡，或者在死亡之后发现其曾有严重违纪行为，对于应当给予开除党籍处分的，开除其党籍；对于应当给予留党察看以下处分的，作出违犯党纪的书面结论和相应处理。

第三十九条 违纪行为有关责任人员的区分：

（一）直接责任者，是指在其职责范围内，不履行或者不正确履行自己的职责，对造成的损失或者后果起决定性作用的党员或者党员领导干部；

（二）主要领导责任者，是指在其职责范围内，对主管的工作不履行或者不正确履行职责，对造成的损失或者后果负直接领导责任的党员领导干部；

（三）重要领导责任者，是指在其职责范围内，对应管的工作或者参与决定的工作不履行或者不正确履行职责，对造成的损失或者后果负次要领导责任的党员领导干部。

本条例所称领导责任者，包括主要领导责任者和重要领导责任者。

第四十条 本条例所称主动交代，是指涉嫌违纪的党员在组织谈话函询、初步核实前向有关组织交代自己的问题，或者在谈话函询、初步核实和立案审查期间交代组织未掌握的问题。

第四十一条 担任职级、单独职务序列等级的党员干部违犯党纪受到处分，需要对其职级、单独职务序列等级进行调整的，参照本条例关于党外职务的规定执行。

第四十二条 计算经济损失应当计算立案时已经实际造成的全部财产损失，包括为挽回违纪行为所造成损失而支付的各种开支、费用。立案后至处理前持续发生的经济损失，应当一并计算在内。

第四十三条 对于违纪行为所获得的经济利益，应当收缴或者责令退赔。对于主动上交的违纪所得和经济损失赔偿，应当予以接收，并按照规定收缴或者返还有关单位、个人。

对于违纪行为所获得的职务、职级、职称、学历、学位、奖励、资格等其他利益，应当由承办案件的纪检机关或者由其上级纪检机关建议有关组织、部门、单位按照规定予以纠正。

对于依照本条例第三十七条、第三十八条规定处理的党员，经调查确属其实施违纪行为获得的利益，依照本条规定处理。

第四十四条 党纪处分决定作出后，应当在一个月内向受处分党员所在党的基层组织中的全体党员及其本人宣布，是领导班子成员的还应当向所在党组织领导班子宣布，并按照干部管理权限和组织关系将处分决定材料归入受处分者档案；对于受到撤销党内职务以上处分的，还应当在一个月内办理职务、工资、工作及其他有关待遇等相应变更手续；涉及撤销或者调整其党外职务的，应当建议党外组织及时撤销或者调整其党外职务。特殊情况下，经作出或者批准作出处分决定的组织批准，可以适当延长办理期限。办理期限最长不得超过六个月。

第四十五条 执行党纪处分决定的机关或者受处分党员所在单位，应当在六个月内将处分决定的执行情况向作出或者批准处分决定的机关报告。

党员对所受党纪处分不服的，可以依照党章及有关规定提出申诉。

第四十六条 党员因违犯党纪受到处分，影响期满后，党组织无需取消对其的处分。

第四十七条 本条例所称以上、以下，除有特别标明外均含本级、本数。

第四十八条 本条例总则适用于有党纪处分规定的其他党内法规，但是中共中央发布或者批准发布的其他党内法规有特别规定的除外。

第二编 分则

第六章 对违反政治纪律行为的处分

第四十九条 在重大原则问题上不同党中央保持一致且有实际言论、行为或者造成不良后果的，给予警告或者严重警告处分；情节较重的，给予撤销党内职务或者留党察看处分；情节严重的，给予开除党籍处分。

第五十条 通过网络、广播、电视、报刊、传单、书籍等，或者利用讲座、论坛、报告会、座谈会等方式，公开发表坚持资产阶级自由化立场、反对四项基本原则，反对党的改革开放决策的文章、演说、宣言、声明等的，给予开除党籍处分。

发布、播出、刊登、出版前款所列文章、演说、宣言、声明等或者为上述行为提供方便条件的，对直接责任者和领导责任者，给予严重警告或者撤销党内职务处分；情节严重的，给予留党察看或者开除党籍处分。

第五十一条 通过网络、广播、电视、报刊、传单、书籍等，或者利用讲座、论坛、报告会、座谈会等方式，有下列行为之一，情节较轻的，给予警告或者严重警告处分；情节较重的，给予撤销党内职务或者留党察看处分；情节严重的，给予开除党籍处分：

（一）公开发表违背四项基本原则，违背、歪曲党的改革开放决策，或者其他有严重政治问题的文章、演说、宣言、声明等；

（二）妄议党中央大政方针，破坏党的集中统一；

（三）丑化党和国家形象，或者诋毁、诬蔑党和国家领导人、英雄模范，或者歪曲党的历史、中华人民共和国历史、人民军队历史。

发布、播出、刊登、出版前款所列内容或者为上述行为提供方便条件的，对直接责任者和领导责任者，给予严重警告或者撤销党内职务处分；情节严重的，给予留党察看或者开除党籍处分。

第五十二条 制作、贩卖、传播第五十条、第五十一条所列内容之一的报刊、书籍、音像制品、电子读物，以及网络文本、图片、音频、视频资料等，情节较轻的，给予警告或者严重警告处分；情节较重的，给予撤销党内职务或者留党察看处分；情节严重的，给予开除党籍处分。

私自携带、寄递第五十条、第五十一条所列内容之一的报刊、书籍、音像制品、电子读物等入出境，情节较重的，给予警告或者严重警告处分；情节严重的，给予撤销党内职务、留党察看或者开除党籍处分。

私自阅看、浏览、收听第五十条、第五十一条所列内容之一的报刊、书籍、音像制品、电子读物，以及网络文本、图片、音频、视频资料等，情节严重的，给予警告、严重警告或者撤销党内职务处分。

第五十三条 在党内组织秘密集团或者组织其他分裂党的活动的，给予开除党籍处分。

参加秘密集团或者参加其他分裂党的活动的，给予留党察看或者开除党籍处分。

第五十四条 在党内搞团团伙伙、结党营私、拉帮结派、政治攀附、培植个人势力等非组织活动，或者通过搞利益交换、为自己营造声势等活动捞取政治资本的，给予严重警告或者撤销党内职务处分；导致本地区、本部门、本单位政治生态恶化的，给予留党察看或者开除党籍处分。

第五十五条 搞投机钻营，结交政治骗子或者被政治骗子利用的，给予严重警告或者撤销党内职务处分；情节严重的，给予留党察看或者开除党籍处分。

充当政治骗子的，给予撤销党内职务、留党察看或者开除党籍处分。

第五十六条 党员领导干部在本人主政的地方或者分管的部门自行其是，搞山头主义，拒不执行党中央确定的大政方针，甚至背着党中央另搞一套的，给予撤销党内职务、留党察看或者开除党籍处分。

贯彻党中央决策部署只表态不落实，或者落实党中央决策部署不坚决，打折扣、搞变通，在政治上造成不良影响或者严重后果的，给予警告或者严重警告处分；情节严重的，给予撤销党内职务、留党察看或者开除党籍处分。

不顾党和国家大局，搞部门或者地方保护主义的，依照前款规定处理。

第五十七条 党员领导干部政绩观错位，违背新发展理念、背离高质量发展要求，给党、国家和人民利益造成较大损失的，给予警告或者严重警告处分；情节较重的，给予撤销党内职务或者留党察看处分；情节严重的，给予开除党籍处分。

搞劳民伤财的“形象工程”“政绩工程”的，从重或者加重处分。

第五十八条 对党不忠诚不老实，表里不一，阳奉阴违，欺上瞒下，搞两面派，做两面人，在政治上造成不良影响的，给予警告或者严重警告处分；情节较重的，给予撤销党内职务或者留党察看处分；情节严重的，给予开除党籍处分。

第五十九条 制造、散布、传播政治谣言，破坏党的团结统一的，给予警告或者严重警告处分；情节较重的，给予撤销党内职务或者留党察看处分；情节严重的，给予开除党籍处分。

政治品行恶劣，匿名诬告，有意陷害或者制造其他谣言，造成损害或者不良影响的，依照前款规定处理。

第六十条 擅自对应当由党中央决定的重大政策问题作出决定、对外发表主张的，对直接责任者和领导责任者，给予严重警告或者撤销党内职务处分；情节严重的，给予留党察看或者开除党籍处分。

第六十一条 不按照有关规定向组织请示、报告重大事项，对直接责任者和领导责任者，情节较重的，给予警告或者严重警告处分；情节严重的，给予撤销党内职务或者留党察看处分。

第六十二条 干扰巡视巡察工作或者不落实巡视巡察整改要求，对直接责任者和领导责任者，情节较轻的，给予警告或者严重警告处分；情节较重的，给予撤销党内职务或者留党察看处分；情节严重的，给予开除党籍处分。

第六十三条 对抗组织审查，有下列行为之一的，给予警告或者严重警告处分；情节较重的，给予撤销党内职务或者留党察看处分；情节严重的，给予开除党籍处分：

（一）串供或者伪造、销毁、转移、隐匿证据；

（二）阻止他人揭发检举、提供证据材料；

（三）包庇同案人员；

（四）向组织提供虚假情况，掩盖事实；

（五）其他对抗组织审查行为。

第六十四条 组织、参加反对党的基本理论、基本路线、基本方略或者重大方针政策的集会、游行、示威等活动的，或者以组织讲座、论坛、报告会、座谈会等方式，反对党的基本理论、基本路线、基本方略或者重大方针政策，造成严重不良影响的，对策划者、组织者和骨干分子，给予开除党籍处分。

对其他参加人员或者以提供信息、资料、财物、场地等方式支持上述活动者，情节较轻的，给予警告或者严重警告处分；情节较重的，给予撤销党内职务或者留党察看处分；情节严重的，给予开除党籍处分。

对不明真相被裹挟参加，经批评教育后确有悔改表现的，可以免予处分或者不予处分。

未经组织批准参加其他集会、游行、示威等活动，情节较轻的，给予警告或者严重警告处分；情节较重的，给予撤销党内职务或者留党察看处分；情节严重的，给予开除党籍处分。

第六十五条 组织、参加旨在反对党的领导、反对社会主义制度或者敌视政府等组织的，对策划者、组织者和骨干分子，给予开除党籍处分。

对其他参加人员，情节较轻的，给予警告或者严重警告处分；情节较重的，给予撤销党内职务或者留党察看处分；情节严重的，给予开除党籍处分。

第六十六条 组织、参加会道门或者邪教组织的，对策划者、组织者和骨干分子，给予开除党籍处分。

对其他参加人员，情节较轻的，给予警告或者严重警告处分；情节较重的，给予撤销党内职务或者留党察看处分；情节严重的，给予开除党籍处分。

对不明真相的参加人员，经批评教育后确有悔改表现的，可以免予处分或者不予处分。

第六十七条 从事、参与挑拨破坏民族关系制造事端或者参加民族分裂活动的，对策划者、组织者和骨干分子，给予开除党籍处分。

对其他参加人员，情节较轻的，给予警告或者严重警告处分；情节较重的，给予撤销党内职务或者留党察看处分；情节严重的，给予开除党籍处分。

对不明真相被裹挟参加，经批评教育后确有悔改表现的，可以免予处分或者不予处分。

有其他违反党和国家民族政策的行为，情节较轻的，给予警告或者严重警告处分；情节较重的，给予撤销党内职务或者留党察看处分；

情节严重的，给予开除党籍处分。

第六十八条 组织、利用宗教活动反对党的理论、路线、方针、政策和决议，破坏民族团结的，对策划者、组织者和骨干分子，给予开除党籍处分。

对其他参加人员，给予撤销党内职务或者留党察看处分；情节严重的，给予开除党籍处分。

对不明真相被裹挟参加，经批评教育后确有悔改表现的，可以免予处分或者不予处分。

有其他违反党和国家宗教政策的行为，情节较轻的，给予警告或者严重警告处分；情节较重的，给予撤销党内职务或者留党察看处分；情节严重的，给予开除党籍处分。

第六十九条 对信仰宗教的党员，应当加强思想教育，要求其限期改正；经党组织帮助教育仍没有转变的，应当劝其退党；劝而不退的，予以除名；参与利用宗教搞煽动活动的，给予开除党籍处分。

第七十条 组织迷信活动的，给予撤销党内职务或者留党察看处分；情节严重的，给予开除党籍处分。

参加迷信活动或者个人搞迷信活动，造成不良影响的，给予警告或者严重警告处分；情节较重的，给予撤销党内职务或者留党察看处分；情节严重的，给予开除党籍处分。

对不明真相的参加人员，经批评教育后确有悔改表现的，可以免予处分或者不予处分。

第七十一条 组织、利用宗族势力对抗党和政府，妨碍党和国家的方针政策以及决策部署的实施，或者破坏党的基层组织建设的，对策划者、组织者和骨干分子，给予开除党籍处分。

对其他参加人员，给予撤销党内职务或者留党察看处分；情节严重的，给予开除党籍处分。

对不明真相被裹挟参加，经批评教育后确有悔改表现的，可以免予处分或者不予处分。

第七十二条 在国（境）外、外国驻华使（领）馆申请政治避难，或者违纪后逃往国（境）外、外国驻华使（领）馆的，给予开除党籍处分。

在国（境）外公开发表反对党和政府的文章、演说、宣言、声明等的，依照前款规定处理。

故意为上述行为提供方便条件的，给予留党察看或者开除党籍处分。

第七十三条 在涉外活动中，其言行在政治上造成恶劣影响，损害党和国家尊严、利益的，给予撤销党内职务或者留党察看处分；情节严重的，给予开除党籍处分。

第七十四条 不履行全面从严治党主体责任、监督责任或者履行全面从严治党主体责任、监督责任不力，给党组织造成严重损害或者严重不良影响的，对直接责任者和领导责任者，给予警告或者严重警告处分；情节严重的，给予撤销党内职务或者留党察看处分。

第七十五条 党员领导干部对违反政治纪律和政治规矩等错误思想和行为不报告、不抵制、不斗争，放任不管，搞无原则一团和气，造成不良影响的，给予警告或者严重警告处分；情节严重的，给予撤销党内职务或者留党察看处分。

第七十六条 违反党的优良传统和工作惯例等党的规矩，在政治上造成不良影响或者严重后果的，给予警告或者严重警告处分；情节较重的，给予撤销党内职务或者留党察看处分；情节严重的，给予开除党籍处分。

第七章 对违反组织纪律行为的处分

第七十七条 违反民主集中制原则，有下列行为之一的，给予警告或者严重警告处分；情节严重的，给予撤销党内职务或者留党察看处分：

（一）拒不执行或者擅自改变党组织作出的重大决定；

（二）违反议事规则，个人或者少数人决定重大问题；

（三）故意规避集体决策，决定重大事项、重要干部任免、重要项目安排和大额资金使用；

（四）借集体决策名义集体违规。

第七十八条 下级党组织拒不执行或者擅自改变上级党组织决定的，对直接责任者和领导责任者，给予警告或者严重警告处分；情节严重的，给予撤销党内职务或者留党察看处分。

第七十九条 拒不执行党组织的分配、调动、交流等决定的，给予警告、严重警告或者撤销党内职务处分。

在特殊时期或者紧急状况下，拒不执行党组织上述决定的，给予留党察看或者开除党籍处分。

第八十条 在党组织纪律审查中，依法依规负有作证义务的党员拒绝作证或者故意提供虚假情况，情节较重的，给予警告或者严重警告处分；情节严重的，给予撤销党内职务、留党察看或者开除党籍处分。

第八十一条 有下列行为之一，情节较重的，给予警告或者严重警告处分：

（一）违反个人有关事项报告规定，隐瞒不报；

（二）在组织进行谈话函询时，不如实向组织说明问题；

（三）不按要求报告或者不如实报告个人去向；

（四）不如实填报个人档案资料。

有前款第二项规定的行为，同时向组织提供虚假情况、掩盖事实的，依照本条例第六十三条规定处理。

篡改、伪造个人档案资料的，给予严重警告处分；情节严重的，给予撤销党内职务或者留党察看处分。

隐瞒入党前严重错误的，一般应当予以除名；对入党多年且一贯表现好，或者在工作中作出突出贡献的，给予严重警告、撤销党内职务或者留党察看处分。

第八十二条 党员领导干部违反有关规定组织、参加自发成立的老乡会、校友会、战友会等，情节严重的，给予警告、严重警告或者撤销党内职务处分。

第八十三条 有下列行为之一的，给予警告或者严重警告处分；情节较重的，给予撤销党内职务或者留党察看处分；情节严重的，给予开除党籍处分：

（一）在民主推荐、民主测评、组织考察和党内选举中搞拉票、助选等非组织活动；

（二）在法律规定的投票、选举活动中违背组织原则搞非组织活动，组织、怂恿、诱使他人投票、表决；

（三）在选举中进行其他违反党章、其他党内法规和有关章程活动。

搞有组织的拉票贿选，或者用公款拉票贿选的，从重或者加重处分。

第八十四条 在干部选拔任用工作中，有任人唯亲、排斥异己、封官许愿、说情干预、跑官要官、突击提拔或者调整干部等违反干部选拔任用规定行为，对直接责任者和领导责任者，情节较轻的，给予警告或者严重警告处分；情节较重的，给予撤销党内职务或者留党察看处分；情节严重的，给予开除党籍处分。

用人失察失误造成严重后果的，对直接责任者和领导责任者，依照前款规定处理。

第八十五条 在推进领导干部能上能下工作中，搞好人主义，有下列行为之一，对直接责任者和领导责任者，情节较重的，给予警告或者严重警告处分；情节严重的，给予撤销党内职务或者留党察看处分：

（一）以党纪政务等处分规避组织调整；

（二）以组织调整代替党纪政务等处分；

（三）其他避重就轻作出处理行为。

第八十六条 在干部、职工的录用、考核、职务职级晋升、职称评聘、荣誉表彰，授予学术称号和征兵、安置退役军人等工作中，隐瞒、歪曲事实真相，或者利用职权或者职务上的影响违反有关规定为本人或者其他人谋取利益的，给予警告或者严重警告处分；情节较重的，给予撤销党内职务或者留党察看处分；情节严重的，给予开除党籍处分。

弄虚作假，骗取职务、职级、职称、待遇、资格、学历、学位、荣誉、称号或者其他利益的，依照前款规定处理。

第八十七条 侵犯党员的表决权、选举权和被选举权，情节较重的，给予警告或者严重警告处分；情节严重的，给予撤销党内职务处分。

以强迫、威胁、欺骗、拉拢等手段，妨害党员自主行使表决权、选举权和被选举权的，给予撤销党内职务、留党察看或者开除党籍处分。

第八十八条 有下列行为之一的，对直接责任者和领导责任者，给予警告或者严重警告处分；情节较重的，给予撤销党内职务或者留党察看处分；情节严重的，给予开除党籍处分：

（一）对批评、检举、控告进行阻挠、压制，或者将批评、检举、控告材料私自扣压、销毁，或者故意将其泄露给他人；

（二）对党员的申辩、辩护、作证等进行压制，造成不良后果；

（三）压制党员申诉，造成不良后果，或者不按照有关规定处理党员申诉；

（四）其他侵犯党员权利行为，造成不良后果。

对批评人、检举人、控告人、证人及其他人员打击报复的，从重或者加重处分。

第八十九条 违反党章和其他党内法规的规定，采取弄虚作假或者其他手段把不符合党员条件的人发展为党员，或者为非党员出具党员身份证明的，对直接责任者和领导责任者，给予警告或者严重警告处分；情节严重的，给予撤销党内职务处分。

违反有关规定程序发展党员的，对直接责任者和领导责任者，依照前款规定处理。

第九十条 违反有关规定取得外国国籍或者获取国（境）外永久居留资格、长期居留许可的，给予撤销党内职务、留党察看或者开除党籍处分。

第九十一条 违反有关规定办理因私出国（境）证件、前往港澳通行证，或者未经批准出入国（边）境，情节较轻的，给予警告或者严重警告处分；情节较重的，给予撤销党内职务或者留党察看处分；情节严重的，给予开除党籍处分。

虽经批准因私出国（境）但存在擅自变更路线、无正当理由超期未归等超出批准范围出国（境）行为，情节较重的，给予警告或者严重警告处分；情节严重的，给予撤销党内职务处分。

第九十二条 驻外机构或者临时出国（境）团（组）中的党员擅自脱离组织，或者从事外事、机要、军事等工作的党员违反有关规定同国（境）外机构、人员联系和交往的，给予警告、严重警告或者撤销党内职务处分。

第九十三条 驻外机构或者临时出国（境）团（组）中的党员，脱离组织出走时间不满六个月又自动回归的，给予撤销党内职务或者留党察看处分；脱离组织出走时间超过六个月的，按照自行脱党处理，党内予以除名。

故意为他人脱离组织出走提供方便条件的，给予警告、严重警告或者撤销党内职务处分。

第八章 对违反廉洁纪律行为的处分

第九十四条 党员干部必须正确行使人民赋予的权力，清正廉洁，反对特权思想和特权现象，反对任何滥用职权、谋求私利的行为。

利用职权或者职务上的影响为他人谋取利益，本人的配偶、子女及其配偶等亲属和其他特定关系人收受对方财物，情节较重的，给予警告或者严重警告处分；情节严重的，给予撤销党内职务、留党察看或者开除党籍处分。

第九十五条 相互利用职权或者职务上的影响为对方及其配偶、子女及其配偶等亲属、身边工作人员和其他特定关系人谋取利益搞权权交易的，给予警告或者严重警告处分；情节较重的，给予撤销党内职务或者留党察看处分；情节严重的，给予开除党籍处分。

第九十六条 纵容、默许配偶、子女及其配偶等亲属、身边工作人员和其他特定关系人利用党员干部本人职权或者职务上的影响谋取私利，情节较轻的，给予警告或者严重警告处分；情节较重的，给予撤销党内职务或者留党察看处分；情节严重的，给予开除党籍处分。

党员干部的配偶、子女及其配偶等亲属和其他特定关系人不实际工作而获取薪酬或者虽实际工作但领取明显超出同职级标准薪酬，党员干部知情未予纠正的，依照前款规定处理。

第九十七条 收受可能影响公正执行公务的礼品、礼金、消费卡（券）和有价证券、股权、其他金融产品等财物，情节较轻的，给予警告或者严重警告处分；情节较重的，给予撤销党内职务或者留党察看处分；情节严重的，给予开除党籍处分。

收受其他明显超出正常礼尚往来的财物的，依照前款规定处理。

第九十八条 向从事公务的人员及其配偶、子女及其配偶等亲属和其他特定关系人赠送明显超出正常礼尚往来的礼品、礼金、消费卡（券）和有价证券、股权、其他金融产品等财物，情节较重的，给予警告或者严重警告处分；情节严重的，给予撤销党内职务或者留党察看处分。

以讲课费、课题费、咨询费等名义变相送礼的，依照前款规定处理。

第九十九条 借用管理和服务对象的钱款、住房、车辆等，可能影响公正执行公务，情节较重的，给予警告或者严重警告处分；情节严重的，给予撤销党内职务、留党察看或者开除党籍处分。

通过民间借贷等金融活动获取大额回报，可能影响公正执行公务的，依照前款规定处理。

第一百条 利用职权或者职务上的影响操办婚丧喜庆事宜，造成不良影响的，给予警告或者严重警告处分；情节严重的，给予撤销党内职务处分；借机敛财或者有其他侵犯国家、集体和人民利益行为的，从重或者加重处分，直至开除党籍。

第一百零一条 接受、提供可能影响公正执行公务的宴请或者旅游、健身、娱乐等活动安排，情节较重的，给予警告或者严重警告处分；情节严重的，给予撤销党内职务或者留党察看处分。

第一百零二条 违反有关规定取得、持有、实际使用运动健身卡、会所和俱乐部会员卡、高尔夫球卡等各种消费卡（券），或者违反有关规定出入私人会所，情节较重的，给予警告或者严重警告处分；情节严重的，给予撤销党内职务或者留党察看处分。

第一百零三条 违反有关规定从事营利活动，有下列行为之一，情节较轻的，给予警告或者严重警告处分；情节较重的，给予撤销党内职务或者留党察看处分；情节严重的，给予开除党籍处分：

（一）经商办企业；

（二）拥有非上市公司（企业）的股份或者证券；

（三）买卖股票或者进行其他证券投资；

（四）从事有偿中介活动；

（五）在国（境）外注册公司或者投资入股；

（六）其他违反有关规定从事营利活动的行为。

利用参与企业重组改制、定向增发、兼并投资、土地使用权出让等工作中掌握的信息买卖股票，利用职权或者职务上的影响通过购买信托产品、基金等方式非正常获利的，依照前款规定处理。

违反有关规定在经济组织、社会组织等单位中兼职，或者经批准兼职但获取薪酬、奖金、津贴等额外利益的，依照第一款规定处理。

第一百零四条 利用职权或者职务上的影响，为配偶、子女及其配偶等亲属和其他特定关系人在审批监管、资源开发、金融信贷、大宗采购、土地使用权出让、房地产开发、工程招投标以及公共财政收支等方面谋取利益，情节较轻的，给予警告或者严重警告处分；情节较重的，给予撤销党内职务或者留党察看处分；情节严重的，给予开除党籍处分。

利用职权或者职务上的影响，为配偶、子女及其配偶等亲属和其他特定关系人吸收存款、推销金融产品、经营名贵特产类特殊资源等提供帮助谋取利益的，依照前款规定处理。

第一百零五条 离职或者退（离）休后违反有关规定接受原任职务管辖的地区和业务范围内或者与原工作业务直接相关的企业和中介机构等单位的聘用，或者个人从事与原任职务管辖业务或者与原工作业务直接相关的营利活动，情节较轻的，给予警告或者严重警告处分；情节较重的，给予撤销党内职务处分；情节严重的，给予留党察看处分。

党员领导干部离职或者退（离）休后违反有关规定担任上市公司、基金管理公司独立董事、独立监事等职务，情节较轻的，给予警告或者严重警告处分；情节较重的，给予撤销党内职务处分；情节严重的，给予留党察看处分。

第一百零六条 离职或者退（离）休后利用原职权或者职务上的影响，为配偶、子女及其配偶等亲属和其他特定关系人从事经营活动谋取利益，情节较轻的，给予警告或者严重警告处分；情节较重的，给予撤销党内职务或者留党察看处分；情节严重的，给予开除党籍处分。

离职或者退（离）休后利用原职权或者职务上的影响为他人谋取利益，本人的配偶、子女及其配偶等亲属和其他特定关系人收受对方财物，情节较重的，给予警告或者严重警告处分；情节严重的，给予撤销党内职务、留党察看或者开除党籍处分。

第一百零七条 党员领导干部的配偶、子女及其配偶，违反有关规定在该党员领导干部管辖的地区和业务范围内从事可能影响其公正执行公务的经营活动，或者有其他违反经商办企业禁业规定行为的，该党员领导干部应当按照规定予以纠正；拒不纠正的，其本人应当辞去现任职务或者由组织予以调整职务；不辞去现任职务或者不服从组织调整职务的，给予撤销党内职务处分。

第一百零八条 党和国家机关违反有关规定经商办企业的，对直接责任者和领导责任者，给予警告或者严重警告处分；情节严重的，给予撤销党内职务处分。

第一百零九条 党员领导干部违反工作、生活保障制度，在交通、医疗、警卫等方面为本人、配偶、子女及其配偶等亲属、身边工作人员和其他特定关系人谋求特殊待遇，情节较重的，给予警告或者严重警告处分；情节严重的，给予撤销党内职务或者留党察看处分。

第一百一十条 在分配、购买住房中侵犯国家、集体利益，情节较轻的，给予警告或者严重警告处分；情节较重的，给予撤销党内职务或者留党察看处分；情节严重的，给予开除党籍处分。

第一百一十一条 利用职权或者职务上的影响，侵占非本人经管的公私财物，或者以象征性地支付钱款等方式侵占公私财物，或者无偿、象征性地支付报酬接受服务、使用劳务，情节较轻的，给予警告或者严重警告处分；情节较重的，给予撤销党内职务或者留党察看处分；情节严重的，给予开除党籍处分。

利用职权或者职务上的影响，将应当由本人、配偶、子女及其配偶等亲属、身边工作人员和其他特定关系人个人支付的费用，由下属单位、其他单位或者他人支付、报销的，依照前款规定处理。

第一百一十二条 利用职权或者职务上的影响，违反有关规定占用公物归个人使用，时间超过六个月，情节较重的，给予警告或者严重警告处分；情节严重的，给予撤销党内职务处分。

占用公物进行营利活动的，给予警告或者严重警告处分；情节较重的，给予撤销党内职务或者留党察看处分；情节严重的，给予开除党籍处分。

将公物借给他人进行营利活动的，依照前款规定处理。

第一百一十三条 违反有关规定组织、参加用公款支付的宴请、娱乐、健身活动，或者用公款购买赠送或者发放礼品、消费卡（券）等，对直接责任者和领导责任者，情节较轻的，给予警告或者严重警告处分；情节较重的，给予撤销党内职务或者留党察看处分；情节严重的，给予开除党籍处分。

第一百一十四条 违反有关规定自定薪酬或者滥发津贴、补贴、奖金、福利等，对直接责任者和领导责任者，情节较轻的，给予警告或者严重警告处分；情节较重的，给予撤销党内职务或者留党察看处分；情节严重的，给予开除党籍处分。

第一百一十五条 有下列行为之一，对直接责任者和领导责任者，情节较轻的，给予警告或者严重警告处分；情节较重的，给予撤销党内职务或者留党察看处分；情节严重的，给予开除党籍处分：

（一）公款旅游或者以学习培训、考察调研、职工疗养等为名变相公款旅游；

（二）改变公务行程，借机旅游；

（三）参加所管理企业、下属单位组织的考察活动，借机旅游。

以考察、学习、培训、研讨、招商、参展等名义变相用公款出国（境）旅游的，对直接责任者和领导责任者，依照前款规定处理。

第一百一十六条 违反接待管理规定，超标准、超范围接待或者借机大吃大喝，对直接责任者和领导责任者，情节较重的，给予警告或者严重警告处分；情节严重的，给予撤销党内职务处分。

第一百一十七条 违反有关规定配备、购买、更换、装饰、使用公务交通工具或者有其他违反公务交通工具管理规定的行为，对直接责任者和领导责任者，情节较重的，给予警告或者严重警告处分；情节严重的，给予撤销党内职务或者留党察看处分。

第一百一十八条 违反会议活动管理规定，有下列行为之一，对直接责任者和领导责任者，情节较重的，给予警告或者严重警告处分；情节严重的，给予撤销党内职务处分：

（一）到禁止召开会议的风景名胜区开会；

（二）决定或者批准举办各类节会、庆典活动；

（三）其他违反会议活动管理规定行为。

擅自举办评比达标表彰、创建示范活动或者借评比达标表彰、创建示范活动收取费用的，对直接责任者和领导责任者，依照前款规定处理。

第一百一十九条 违反办公用房管理等规定，有下列行为之一，对直接责任者和领导责任者，情节较重的，给予警告或者严重警告处分；情节严重的，给予撤销党内职务处分：

（一）决定或者批准兴建、装修办公楼、培训中心等楼堂馆所；

（二）超标准配备、使用办公用房；

（三）未经批准租用、借用办公用房；

（四）用公款包租、占用客房或者其他场所供个人使用；

（五）其他违反办公用房管理等规定行为。

第一百二十条 搞权色交易或者给予财物搞钱色交易的，给予警告或者严重警告处分；情节较重的，给予撤销党内职务或者留党察看处分；情节严重的，给予开除党籍处分。

第一百二十一条 有其他违反廉洁纪律规定行为的，应当视具体情节给予警告直至开除党籍处分。

第九章 对违反群众纪律行为的处分

第一百二十二条 有下列行为之一，对直接责任者和领导责任者，情节较轻的，给予警告或者严重警告处分；情节较重的，给予撤销党内职务或者留党察看处分；情节严重的，给予开除党籍处分：

（一）超标准、超范围向群众筹资筹劳、摊派费用，加重群众负担；

（二）违反有关规定扣留、收缴群众款物或者处罚群众；

（三）克扣群众财物，或者违反有关规定拖欠群众钱款；

（四）在管理、服务活动中违反有关规定收取费用；

（五）在办理涉及群众事务时刁难群众、吃拿卡要；

（六）其他侵害群众利益行为。

在乡村振兴领域有上述行为的，从重或者加重处分。

第一百二十三条 干涉生产经营自主权，致使群众财产遭受较大损失的，对直接责任者和领导责任者，给予警告或者严重警告处分；情节严重的，给予撤销党内职务或者留党察看处分。

第一百二十四条 在社会保障、社会救助、政策扶持、救灾救济款物分配等事项中优亲厚友、明显有失公平的，给予警告或者严重警告处分；情节较重的，给予撤销党内职务或者留党察看处分；情节严重的，给予开除党籍处分。

第一百二十五条 利用宗族或者黑恶势力等欺压群众，或者纵容涉黑涉恶活动、为黑恶势力充当“保护伞”的，给予撤销党内职务或者留党察看处分；情节严重的，给予开除党籍处分。

第一百二十六条 有下列行为之一，对直接责任者和领导责任者，情节较重的，给予警告或者严重警告处分；情节严重的，给予撤销党内职务或者留党察看处分：

（一）对涉及群众生产、生活等切身利益的问题依照政策或者有关规定能解决而不及时解决，庸懒无为、效率低下，造成不良影响；

（二）对符合政策的群众诉求消极应付、推诿扯皮，损害党群、干群关系；

（三）对待群众态度恶劣、简单粗暴，造成不良影响；

（四）弄虚作假，欺上瞒下，损害群众利益；

（五）其他不作为、乱作为、慢作为、假作为等损害群众利益行为。

第一百二十七条 遇到国家财产和群众生命财产受到严重威胁时，能救而不救，情节较重的，给予警告、严重警告或者撤销党内职务处分；情节严重的，给予留党察看或者开除党籍处分。

第一百二十八条 不按照规定公开党务、政务、厂务、村（居）务等，侵犯群众知情权，对直接责任者和领导责任者，情节较重的，给予警告或者严重警告处分；情节严重的，给予撤销党内职务或者留党察看处分。

第一百二十九条 有其他违反群众纪律规定行为的，应当视具体情节给予警告直至开除党籍处分。

第十章 对违反工作纪律行为的处分

第一百三十条 工作中不负责任或者疏于管理，贯彻执行、检查督促落实上级决策部署不力，给党、国家和人民利益以及公共财产造成较大损失的，对直接责任者和领导责任者，给予警告或者严重警告处分；造成重大损失的，给予撤销党内职务、留党察看或者开除党籍处分。

党员领导干部对于到任前已经存在且属于其职责范围内的问题，消极回避、推卸责任，造成严重损害或者严重不良影响的，依照前款规定处理。

第一百三十一条 工作中不敢斗争、不愿担当，面对重大矛盾冲突、危机困难临阵退缩，造成不良影响或者严重后果的，给予警告或者严重警告处分；情节严重的，给予撤销党内职务、留党察看或者开除党籍处分。

第一百三十二条 有下列行为之一，造成严重损害或者严重不良影响的，对直接责任者和领导责任者，给予警告或者严重警告处分；情节较重的，给予撤销党内职务或者留党察看处分；情节严重的，给予开除党籍处分：

（一）热衷于搞舆论造势、浮在表面；

（二）单纯以会议贯彻会议、以文件落实文件，在实际工作中不见诸行动；

（三）脱离实际，不作深入调查研究，搞随意决策、机械执行；

（四）违反精文减会有关规定搞文山会海；

（五）在督查检查考核等工作中搞层层加码、过度留痕，增加基层工作负担；

（六）工作中其他形式主义、官僚主义行为。

第一百三十三条　在公务活动用餐、单位食堂用餐管理工作中不履行或者不正确履行宣传教育、监督管理职责，导致餐饮浪费，造成严重不良影响的，对直接责任者和领导责任者，给予警告或者严重警告处分；情节严重的，给予撤销党内职务处分。

第一百三十四条　在机构编制工作中，有下列行为之一，造成不良影响或者严重后果的，对直接责任者和领导责任者，给予警告或者严重警告处分；情节较重的，给予撤销党内职务或者留党察看处分；情节严重的，给予开除党籍处分：

（一）擅自超出“三定”规定范围调整职责、设置机构、核定领导职数和配备人员；

（二）违规干预地方机构设置；

（三）其他违反机构编制管理规定行为。

第一百三十五条　在信访工作中，有下列行为之一，造成不良影响或者严重后果的，对直接责任者和领导责任者，给予警告或者严重警告处分；情节较重的，给予撤销党内职务或者留党察看处分；情节严重的，给予开除党籍处分：

（一）不按照规定受理、办理信访事项；

（二）对规模性集体访等处置不力，导致事态扩大；

（三）对党委和政府信访部门提出的改进工作、完善政策等建议重视不够、落实不力，导致问题长期得不到解决；

（四）其他不履行或者不正确履行信访工作职责行为。

不履行或者不正确履行职责，导致信访事项发生，造成不良影响或者严重后果的，对直接责任者和领导责任者，依照前款规定处理。

第一百三十六条 党组织有下列行为之一，对直接责任者和领导责任者，情节较重的，给予警告或者严重警告处分；情节严重的，给予撤销党内职务或者留党察看处分：

（一）党员被立案审查期间，擅自批准其出差、出国（境）、辞职，或者对其交流、提拔职务、晋升职级、进一步使用、奖励，或者办理退休手续；

（二）党员被依法追究刑事责任后，不按照规定给予党纪处分，或者对党员违反国家法律法规的行为，应当给予党纪处分而不处分；

（三）党纪处分决定或者申诉复查决定作出后，不按照规定落实决定中关于被处分人党籍、职务、职级、待遇等事项；

（四）党员受到党纪处分后，不按照干部管理权限和组织关系对受处分党员开展日常教育、管理和监督工作。

第一百三十七条 滥用问责，或者在问责工作中严重不负责任，造成不良影响的，对直接责任者和领导责任者，给予警告或者严重警告处分；情节严重的，给予撤销党内职务处分。

第一百三十八条 因工作不负责任致使所管理的人员叛逃的，对直接责任者和领导责任者，给予警告或者严重警告处分；情节严重的，给予撤销党内职务处分。

因工作不负责任致使所管理的人员出逃、出走，对直接责任者和领导责任者，情节较重的，给予警告或者严重警告处分；情节严重的，给予撤销党内职务处分。

第一百三十九条 进行统计造假，对直接责任者和领导责任者，情节较轻的，给予警告或者严重警告处分；情节较重的，给予撤销党内职务或者留党察看处分；情节严重的，给予开除党籍处分。

对统计造假失察，造成严重后果的，对直接责任者和领导责任者，给予警告或者严重警告处分；情节严重的，给予撤销党内职务、留党察看或者开除党籍处分。

第一百四十条 在上级检查、视察工作或者向上级汇报、报告工作时对应当报告的事项不报告或者不如实报告，造成严重损害或者严重不良影响的，对直接责任者和领导责任者，给予警告或者严重警告处分；情节严重的，给予撤销党内职务或者留党察看处分。

在上级检查、视察工作或者向上级汇报、报告工作时纵容、唆使、暗示、强迫下级说假话、报假情的，从重或者加重处分。

第一百四十一条 违反有关规定干预和插手市场经济活动，有下列行为之一，情节较轻的，给予警告或者严重警告处分；情节较重的，给予撤销党内职务或者留党察看处分；情节严重的，给予开除党籍处分：

（一）干预和插手建设工程项目承发包、土地使用权出让、政府采购、房地产开发与经营、矿产资源开发利用、中介机构服务等活动；

（二）干预和插手国有企业重组改制、兼并、破产、产权交易、清产核资、资产评估、资产转让、重大项目投资以及其他重大经营活动等事项；

（三）干预和插手批办各类行政许可和资金借贷等事项；

（四）干预和插手经济纠纷；

（五）干预和插手集体资金、资产和资源的使用、分配、承包、租赁等事项。

第一百四十二条 违反有关规定干预和插手司法活动、执纪执法活动，向有关地方或者部门打听案情、打招呼、说情，或者以其他方式对司法活动、执纪执法活动施加影响，情节较轻的，给予严重警告处分；情节较重的，给予撤销党内职务或者留党察看处分；情节严重的，给予开除党籍处分。

违反有关规定干预和插手公共财政资金分配、项目立项评审、功勋荣誉表彰奖励等活动，造成重大损失或者不良影响的，依照前款规定处理。

第一百四十三条 按照有关规定对干预和插手行为负有报告和登记义务的受请托人，不按照规定报告或者登记，情节较重的，给予警告或者严重警告处分；情节严重的，给予撤销党内职务处分。

第一百四十四条 泄露、扩散或者打探、窃取党组织关于干部选拔任用、纪律审查、巡视巡察等尚未公开事项或者其他应当保密的内容的，给予警告或者严重警告处分；情节较重的，给予撤销党内职务或者留党察看处分；情节严重的，给予开除党籍处分。

私自留存涉及党组织关于干部选拔任用、纪律审查、巡视巡察等方面资料，情节较重的，给予警告或者严重警告处分；情节严重的，给予撤销党内职务处分。

第一百四十五条 在考试、录取工作中，有泄露试题、考场舞弊、涂改考卷、违规录取等违反有关规定行为的，给予警告或者严重警告处分；情节较重的，给予撤销党内职务或者留党察看处分；情节严重的，给予开除党籍处分。

第一百四十六条 以不正当方式谋求本人或者其他人用公款出国（境），情节较轻的，给予警告处分；情节较重的，给予严重警告处分；情节严重的，给予撤销党内职务处分。

第一百四十七条 临时出国（境）团（组）或者人员中的党员，擅自延长在国（境）外期限，或者擅自变更路线的，对直接责任者和领导责任者，给予警告或者严重警告处分；情节严重的，给予撤销党内职务处分。

第一百四十八条 驻外机构或者临时出国（境）团（组）中的党员，触犯驻在国家、地区的法律、法令或者不尊重驻在国家、地区的宗教习俗，情节较重的，给予警告或者严重警告处分；情节严重的，给予撤销党内职务、留党察看或者开除党籍处分。

第一百四十九条 在党的纪律检查、组织、宣传、统一战线工作以及机关工作等其他工作中，不履行或者不正确履行职责，造成损失或者不良影响的，应当视具体情节给予警告直至开除党籍处分。

第十一章 对违反生活纪律行为的处分

第一百五十条 生活奢靡、铺张浪费、贪图享乐、追求低级趣味，造成不良影响的，给予警告或者严重警告处分；情节严重的，给予撤销党内职务处分。

第一百五十一条 与他人发生不正当性关系，造成不良影响的，给予警告或者严重警告处分；情节较重的，给予撤销党内职务或者留党察看处分；情节严重的，给予开除党籍处分。

利用职权、教养关系、从属关系或者其他相类似关系与他人发生性关系的，从重处分。

第一百五十二条 党员领导干部不重视家风建设，对配偶、子女及其配偶失管失教，造成不良影响或者严重后果的，给予警告或者严重警告处分；情节严重的，给予撤销党内职务处分。

第一百五十三条 违背社会公序良俗，在公共场所、网络空间有不当言行，造成不良影响的，给予警告或者严重警告处分；情节较重的，给予撤销党内职务或者留党察看处分；情节严重的，给予开除党籍处分。

第一百五十四条 有其他严重违反社会公德、家庭美德行为的，应当视具体情节给予警告直至开除党籍处分。

第三编 附则

第一百五十五条 各省、自治区、直辖市党委可以根据本条例，结合各自工作的实际情况，制定单项实施规定。

第一百五十六条 中央军事委员会可以根据本条例，结合中国人民解放军和中国人民武装警察部队的实际情况，制定补充规定或者单项规定。

第一百五十七条 本条例由中央纪委负责解释。

第一百五十八条 本条例自 2024 年 1 月 1 日起施行。

本条例施行前，已结案的案件如需进行复查复议，适用当时的规定或者政策。尚未结案的案件，如果行为发生时的规定或者政策不认为是违纪，而本条例认为是违纪的，依照当时的规定或者政策处理；如果行为发生时的规定或者政策认为是违纪的，依照当时的规定或者政策处理，但是如果本条例不认为是违纪或者处理较轻的，依照本条例规定处理。